HEYNE BÜCHER

ESOTERISCHES WISSEN

Zur Beachtung:

Dieses Buch gibt nur allgemeine Hinweise und Ratschläge im Zusammenhang mit den Findhorn-Blütenessenzen und kann im Krankheitsfall nicht eine qualifizierte Diagnose und/oder Behandlung durch einen Arzt, Heilpraktiker oder Therapeuten ersetzen. Da jeder Einzelfall anders liegt, können weder Autorin noch Verlag eine Garantie für die Behandlungsergebnisse übernehmen.

Marion Leigh

Die Findhorn-Blütenessenzen

Die Herstellung und Anwendung eines spirituellen Heilmittels

Aus dem Englischen von
ANNETTE CHARPENTIER

Deutsche Erstausgabe

WILHELM HEYNE VERLAG
MÜNCHEN

HEYNE ESOTERISCHES WISSEN
Herausgegeben von Michael Görden
13/9778

Titel der englischen Ausgabe:
Findhorn Flower Essences
erschienen bei Findhorn Press, Scotland

Umwelthinweis:
Dieses Buch wurde auf chlor- und
säurefreiem Papier gedruckt.

http://www.heyne.de
Printed in Germany 1999
Umschlaggestaltung: Atelier Bachmann & Seidel, Reischach
Umschlagillustration: The Stock Market/Franco Salmoiraghi
Innenillustrationen: Caragh McAuley
Technische Betreuung: Sibylle Hartl
Satz: Schaber Datentechnik, Wels
Druck und Bindung: Presse-Druck, Augsburg

ISBN 3-453-14674-3

Inhalt

Dieses Buch
ist dem Engel von Findhorn
gewidmet.

Danksagung

Meine Liebe und mein Dank gelten allen Wesen, ob sichtbar oder unsichtbar, die zu diesem Buch beigetragen haben. Insbesondere möchte ich aber folgenden Menschen danken:

Dorothy Maclean für das Vorwort und ihren Pioniergeist,

Caragh McAuley für ihre einfühlsamen Illustrationen,

Judy Light für ihre Weisheit, ihre praktische Unterstützung und ihre Einstimmung in die Essenzen,

Jeremy Slocombe für seine Hilfe beim Lektorat und sein jahrelanges Vertrauen in mich,

David Steel für seine Liebe und Sorge,

meinen Kindern Iona und Michael für ihre Geduld, Liebe und Fröhlichkeit

und meiner Mutter Alice, die die Verkörperung von Liebe schlechthin ist.

Vorwort

Die Natur ist ein Tor zum Göttlichen, und besonders die Schönheit der Blumen - ihre Farben, ihre Formen und Strukturen, ihr Duft - bringt uns zum Staunen, erfreut unsere Sinne und öffnet unser Herz. Blumen sprechen uns auf allen Ebenen an und rühren an unsere Essenz.

Jeder Mensch reagiert anders auf Blumen. Aber in der ganzen Welt erkennt man heutzutage, daß Blumen uns nicht nur Freude schenken, sondern uns auch so tief berühren, daß sie uns verändern können. Vielleicht ist ›verändern‹ das falsche Wort, denn was geschieht, wenn wir uns ihrer Schönheit öffnen, ist einfach, daß sie in uns die Qualitäten wecken, die sie selbst verkörpern. Ihre Schönheit ist offensichtlich, unsere eigene aber oft verborgen. Wir kennen heute allerdings Methoden, um ihre Essenz für uns faßbar und zugänglich zu machen.

Marion Leigh ist ein Mensch, der sich für die Essenz von Blüten sehr stark geöffnet hat. Sie berichtet hier von ihren Erfahrungen, wenn sie sich tief auf die Natur einstimmt und dabei angeleitet wird, Blütenessenzen zuzubereiten. Ihre Geschichte ist natürlich einzigartig, denn wir sind alle einzigartige Wesen. Sie teilt uns in diesem Buch ihre Geschichte mit und wie sie dazu bewegt wurde, das innere Wesen der Natur zu erforschen. Wie bei allen Geschichten, in denen es um die wunderbare Welt der Natur geht, die stets zu uns spricht und auf die wir nur zu lauschen brauchen, hilft uns auch diese, uns auf die Umwelt einzulassen, unsere Stellung darin zu erkennen und auf das Wirken des Universums zu vertrauen. Geschichten, die von innerer Einstimmung erzählen, bestätigen unsere enge Verbindung mit allem Lebendigen und können uns helfen, unseren Alltag besser zu bewältigen. Je tiefer unsere Verbindung mit unserer Umwelt ist, um so mehr schätzen wir das Leben und seine Freuden.

Liebe ist die Qualität, die für einen tiefen Kontakt zu allem am wichtigsten ist. Indem wir das Leben erforschen, Blumen erkunden, die sich ständig verändernden Umweltbedingungen akzeptieren und daran wachsen, erkennen wir immer stärker, wie stark die Macht der Liebe ist. Unsere Liebe wächst, und wir verschmelzen mit unserer eigenen Essenz - die Liebe ist. Blütenessenzen können uns auf diesem Erkenntnisweg helfen.

Dorothy Maclean

Teil I

Die Grundlagen

Einführung

Sei wie die Blumen. Strahle deine Schönheit, deine Farbe und deinen Duft aus. Sei wahrhaftig, wer du bist. Öffne dich wie eine Blüte der Sonne, die dir Leben schenkt.

Aus einer Deva-Botschaft

Jeder Mensch liebt Blumen. Sie waren für uns schon immer eine Quelle der Freude und des Glücks: Ihre Schönheit, ihre Formen, Farben und Düfte wecken sämtliche Sinne, und wir spüren beim Anblick einer Blüte ein unmittelbares Gefühl von Freude und Wohlbefinden. Die Heilung mit Blüten gehört zu den ältesten Behandlungsmethoden der Welt. Es überrascht daher nicht, daß heute in der ganzen Welt die Heilkraft von Blumen neu entdeckt wird.

Die subtilen Heilqualitäten von Blütenessenzen regulieren das Gleichgewicht auf allen Ebenen: körperlich, emotional, geistig und spirituell. Sie können die persönliche Entwicklung fördern und zu Veränderung und Transformation anregen. Sie geben uns die Möglichkeit, veraltete Verhaltensmuster und negative seelische Zustände in Frage zu stellen, die zu einer Krankheit beitragen oder sie sogar auslösen können. Sie gleichen emotionale Instabilität und spirituelle Disharmonien aus. Blütenessenzen stiften auf einer höheren Ebene Ordnung und fördern erwünschte positive Qualitäten wie Mut, inneren Frieden, Liebe und Akzeptanz, indem sie die dem Körper angeborene Fähigkeit stärken, sich selbst zu heilen.

Blüten enthalten in höchster Konzentration die Lebenskraft einer Pflanze. Mit Hilfe des Sonnenlichts wird diese Lebenskraft in Wasser übertragen, wobei dieses mit den ätherischen Heilqualitäten der Blüten aufgeladen wird.

Aus der Sicht der Schwingungsheilung wird der Mensch als ein multidimensionales Wesen betrachtet, das aus Körper, Geist und Seele besteht. Ein Energienetz, das den physischen Körper mit den feinstofflichen Geistkörpern verbindet, bringt Lebenskraft in Körper und Geist. Blütenessenzen wirken, indem sie die feinstofflichen Energien und Körpersysteme beeinflussen und den Energiefluß transformieren und damit die energetischen Muster beeinflussen, die das Leben und das Bewußtsein nähren (siehe auch *Energiemedizin und die feinstofflichen Körper,* S. 42 ff.).

Genau wie bei homöopathischen Heilmitteln wissen wir nicht genau, wie die Blütenessenzen tatsächlich wirken. Es gibt jedoch immer mehr wissenschaftliche Nachweise für die Existenz von feinstofflichen Energiesystemen. Viele Hersteller von Blütenessenzen untersuchen die Wirksamkeit ihrer Heilmittel und erforschen Methoden, sie meßbar zu machen, wie zum Beispiel mit Elektroscannern, Kirlianfotografie und Vegatests.

Die moderne Entwicklung der Blütenessenz-Therapie geht auf Dr. Edward Bach zurück, einen angesehenen Arzt, Homöopathen und Heiler, der in Gegenwart bestimmter Pflanzen emotionale und körperliche Symptome erlebte. Er stellte fest, daß diese Symptome gelindert wurden, wenn er die Essenz der jeweiligen Blüte einnahm, und daß die Blütenessenzen bei seinen Patienten die entsprechenden emotionalen Störungen ausglichen. Bach war einer der ersten, der die Verbindung zwischen Emotionen, Streß und Krankheit erkannte.

Lange vor Edward Bach hat angeblich der große mystische Heiler Paracelsus schon im sechzehnten Jahrhundert Tau von blühenden Pflanzen gesammelt und ihn seinen Patienten gegen emotionale Störungen verabreicht.

Mitte der siebziger Jahre, etwa ein halbes Jahrhundert, nachdem Bach uns sein Erbe der Bach-Blütentherapie hinterließ, tauchten neue Blütenessenzen auf. Die *Flower Essence Society* in Kalifornien entwickelte neue Essenzen, und in den achtziger und neunziger Jahren ließen sich andere davon inspirieren und brachten uns neue Essenzen aus der ganzen Welt – aus Australien, Neuseeland, Nord- und Südamerika, Südafrika, Indien, dem Himalaja und Europa.

Die Schnellebigkeit der heutigen Welt und die Belastungen und Anforderungen an die Menschheit und die Umwelt können sehr verstörend und beunruhigend sein. Die neuen Essenzen tauchten gerade zu dem Zeitpunkt auf, als sie am dringendsten zur Heilung und zur Transformation gebraucht wurden.

Die Elemente Erde, Luft, Feuer und Wasser bilden vereint und einem göttlichen Plan folgend die physische Gestalt einer jeden Pflanze. Die Findhorn-Blütenessenzen wurden in Zusammenarbeit mit den Kräften der Natur geschaffen. Sie werden aus schottischen Wildblumen und reinem Wasser hergestellt, das wir aus heiligen Quellen und Brunnen schöpfen. Unsere Liebe und unser Dank geht an die Engel, die göttlichen Planer, und an die Naturgeister, die jede Pflanze zum Wachsen bringen. *Vis mediatrix naturae*, die Heilkraft der Natur, ist ihr Geschenk an uns in Form von Blütenessenzen. Durch die Liebe, mit der diese Essenzen zubereitet werden, und die Absicht jener, die sie einnehmen, bestätigen diese natürlichen Essenzen unsere Verbindung mit dem Göttlichen und mit der Einheit allen Lebens.

Die Entwicklung der Blütenessenzen

Wie gibt man einer Blüte eine bestimmte Bedeutung? Das Bewußtsein der Blume oder der Pflanze ist nicht mental. Es ist weder eine Empfindung noch ein Gefühl, sondern hat etwas von beidem, eine spontane Bewegung und Schwingung. Wenn du in Kontakt damit bist und sie spürst, kannst du einen Eindruck erhalten, den man in einen Gedanken übersetzen kann. Es entsteht eine Art Identifikation mit der Schwingung, eine direkte Wahrnehmung der Eigenschaften, die sie repräsentiert. Wenn diese Übereinstimmung durch Liebe im Herzen entsteht, nimmt man direkt wahr, was die Pflanze bedeutet. Man kann sich dem tiefen Einfluß von Blüten am besten öffnen, indem man sie liebt.

Die Mutter

Mein erster direkter Kontakt mit der Intelligenz der Natur entstand in Australien. Ich hatte die Blütenessenz *Shooting Star* genommen, um meine innere Verbindung zum Kosmos zu beleben und zu stärken. Jeden

Morgen um 3 Uhr wurde ich wach und empfing in diesen frühen Stunden meditative innere Botschaften. Eine dieser Botschaften erwähnte eine Verbindung zur Antarktis und die Möglichkeit, antarktische Essenzen herzustellen. Die Zeit sei reif für Essenzen aus diesem Erdteil, da diese Region noch vergleichsweise unberührt und sauber sei. Die Essenzen von Moosen und Flechten, so hieß es, ständen für die urtümlichen und ursprünglichen Kräfte der Natur und würden die Kommunikation mit ihnen durch unsere tiefsten Instinkte ermöglichen. Als ich kurz darauf einer Kollegin von dieser Botschaft erzählte, stellte sich heraus, daß sie tatsächlich dabei war, in die Antarktis zu reisen! Ich fragte sie, ob sie bereit wäre, für mich Essenzen aus Moosen und Flechten herzustellen, und erklärte ihr, wie sie dabei vorgehen sollte. (Sie hat später selbst Essenzen der Antarktis entwickelt und hergestellt.)

Als ich mit meiner Familie im Frühjahr 1992 wieder nach Findhorn zurückkehrte, erstrahlte dort überall der blühende Stechginster, und ich fühlte mich sofort angeregt, daraus eine Essenz zu gewinnen. Ich beschloß, Wasser aus einem recht unbekannten und sehr abgelegenen Brunnen der Gegend zu benutzen, der nachgewiesene Heilqualitäten besaß (Braemou bei Hopeman). Dieses Wasser, so hieß es, sei ein Heilgeschenk des Elementarreiches der Natur, und zusammen mit den Blüten, die die stärksten göttlichen Eigenschaften einer Pflanze verkörpern, und in Interaktion mit dem Herzen des Menschen (der die Essenzen zubereitet und nutzt) wird eine starke Energie von Transformation und Heilung freigesetzt.

Eine Woche später meditierte ich im Naturheiligtum der Findhorn-Stiftung, als mich völlig überraschend ein Wesen kontaktierte, das ich als Landschaftsengel identifizierte. Er sprach von dem Werk, das vor mir lag, und sagte, es würden sich zwar viele Menschen an die Engelreiche wenden, aber nur wenige seien in der Lage, deren Wunsch nach Vereinigung zu kommunizieren:

Engel und Menschen gehen gemeinsame Wege. Hand in Hand helfen wir einander, zu Gott zu gelangen. Aber der Mensch ist noch nicht bereit, seinen Platz neben uns einzunehmen, und wir brauchen bereitwillige Mitarbeiter, die unsere Energien in die Welt hineintragen... Der Tempel der Landschaft ist voller Wesen, die bewußt und kreativ daran wirken, ihre Präsenz fühlbar zu machen. Menschen, die sich auf uns einstimmen können, sind willkommen und werden von uns angeleitet, unsere Botschaften der Menschheit zu überbringen. Widme dich dieser Aufgabe, und wir werden gemeinsam Einheit, Frieden und Heilung für unsere Erde bewirken.

Damals war ich nicht ganz sicher, was das zu bedeuten hatte, aber ich fühlte mich bestätigt darin, auf meinem Weg weiterzugehen.

Die Herstellung von Blütenessenzen brachte mich in sehr enge Verbindung mit der Natur und den Wesen, die dieses Reich bevölkern, den Devas oder Naturengeln sowie den Elementargeistern. Wenn ich vor einer blühenden Pflanze meditierte, bat ich sie immer um Rat bezüglich ihrer Eigenschaften, und besonders bezüglich der Qualitäten, die für den Menschen von Heilnutzen wären.

Ich stellte weiterhin Blütenessenzen her, aber erst bei einem Seminar von Dorothy Maclean ein halbes Jahr später fand ich das Selbstvertrauen, darüber auch zu sprechen. Drei magische Tage lang begaben sich die Teilnehmer dieses Seminars in das Reich von Mineralien, Pflanzen und Tieren sowie der höheren geistigen Wirklichkeit. Dorothy erklärte uns, daß unser Kontakt durch innere Begrenzungen behindert würde, und forderte uns auf, zu prüfen, was uns zurückhielt. Ich erhielt als Antwort:

Der Erfolg hängt nur von deiner Fähigkeit ab, dich bewußt im Geist mit uns zu verbinden, in Liebe und Licht. Wenn du es willst, dann erreichst du es mühelos und bist eins mit dem Leben, der Natur und mit den Reichen der Himmelswesen, die diese Einheit in Freude und im Geist der Hingabe teilen.

Dorothy Maclean ist die reine Inspiration. Das Seminar stellte sich für mich als ein Wendepunkt heraus. Ich fürchtete mich nicht mehr, über meine Kommunikation mit den Naturwesen zu sprechen, und ein paar Monate später gab ich die ersten zwölf Blütenessenzen heraus, die ich in diesem Jahr zubereitet hatte.

Die Zubereitung einer jeden Essenz war für mich ein Abenteuer. Von dem Zeitpunkt an, da ich die Herstellung einer Essenz beginne, bis ich sie ›ernte‹ und letzte Hand daran lege, erlebe ich ihre Qualität und die damit verbundenen Gefühle und Wirkungen in allen Aspekten meines Wesens. Während der Vorbereitungszeit begegne ich fast immer einem oder mehreren Menschen, die die Eigenschaften der jeweiligen Blüte verkörpern oder die genau diese Qualitäten brauchen.

Diese direkte Erfahrung in mir selbst, verbunden mit Informationen, die ich von höheren Ebenen empfange (und die mein Verstand für mich übersetzt), und Botschaften von den über uns schwebenden Intelligenzen vermitteln mir ein Bild von den Eigenschaften der Blüten. Es handelt sich um einen intensiven Einstimmungsprozeß, dem eine Erforschung der Essenzen unter den verschiedensten therapeutischen Bedingungen folgt. Über einen längeren Zeitraum hinweg probiere ich sie zusammen mit Klienten, Freunden und Heilpraktikern aus und erkunde ihre Indikationen, Eigenschaften und Wirkungen.

Ich hatte kein bestimmtes Konzept, welche Pflanzen ich in mein Essenzen-Programm aufnehmen wollte, und ließ mich von einem Moment zum anderen leiten, so daß in gewissem Sinne die Blüten mich fanden statt ich sie. Eine Ausnahme war die Schottische Schlüsselblume (*Primula scotica*), zu der ich mich sehr stark hingezogen fühlte. Diese seltene Pflanze findet sich nur an bestimmten Stellen der schottischen Nordküste und auf den Orkney-Inseln. Sie war in den dreißiger Jahren in der Nähe von Lossiemouth gefunden worden, zehn Meilen von Findhorn entfernt, aber nun war sie nirgendwo mehr aufzutreiben, obwohl ich Freunde und Fremde gleichermaßen mit der Frage belästigte, ob sie welche gesehen hätten. Schließlich entdeckte ich eine Schottische Schlüsselblume in einem wunderschönen, sehr gepflegten Garten auf der Black Isle, und als ich mich darauf einstimmte, erhielt ich eine so klare und starke Botschaft, daß mir sofort klar war, warum ich so lange und gründlich nach ihr gesucht hatte:

In der Wildnis, dem Frieden und der Gelassenheit dieses großen freien Landes wachse ich in Freude und Staunen voller Liebe zum Land und zur Erde. Meine Gabe heißt Frieden – Frieden im Herzen des Menschen. Ihn verströme ich in voller Erkenntnis der Realität von Kriegen und Konflikten. Doch meine Zeit ist gekommen, und ich gebe mich freudig und im Wissen um Gottes Gnade für den Frieden auf Erden, wenn der Mensch seine Brüder und Schwestern in Liebe, Vergebung und Mitgefühl umarmen kann. Schon ein Tropfen meiner Essenz hat die Kraft, die Herzen der Menschen zu erfüllen. Behandle mich mit großem Respekt, dann manifestiere ich den Frieden in Gottes wunderbarem Zeitplan. Ich bringe Frieden, wenn Verzweiflung herrscht. Gib mich den Menschen dieser Welt, und meine Gegenwart wird so wirksam sein, daß jeder das letztendliche Ziel erkennt, das ich verkörpere: Frieden auf Erden. Ich bringe euch diese frohe Botschaft und lasse euch Zeit, darüber nachzudenken. Gepriesen seien Gott und alle seine Helfer und Mittler des Friedens und des guten Willens. Gesegnet seien alle im Namen von Liebe und Frieden.

Ein Heilmittel, das hier oben im Norden Schottlands in den kalten Wintermonaten oft angezeigt ist, ist das Schneeglöckchen. Diese Essenz wurde im Februar von einer Seminar-Gruppe hergestellt, als der Boden noch stark gefroren war. Schneeglöckchen sind die ersten Blumen, die sich mit großer Kraft und Hartnäckigkeit durch Eis und Schnee kämpfen. Wir stellten die Essenz im ursprünglichen Garten von Findhorn her, zwei Tage nach dem plötzlichen Tod des Mitbegründers von Findhorn, Peter Caddy.

Als wir dort, wo Peter seine ersten Beete angelegt hatte, in Stille die Schneeglöckchen sammelten, wurde uns seine Gegenwart stark bewußt. Wir stellten die Schüssel mitten in den Garten und stimmten uns ein, als plötzlich die Sonne durchbrach. Und wunderbarerweise schien sie, bis wir viele Stunden später zurückkamen, um die Essenz abzuholen. Um diese Jahreszeit ist die Sonne im hohen Norden selten und unberechenbar. Aber ich habe beim Herstellen der Blütenessenzen immer wieder solche kleinen Wunder erlebt. Wenn ich eine Essenz zubereite, bitte ich immer um die Unterstützung der Elementargeister. Als ich die Basisessenz abgoß, erhielt ich folgende Botschaft:

Freut euch, denn ich komme, um die Ankunft des Neuen zu verkünden. Legt alles Alte ab und begrüßt die Vernichtung der alten, zerfallenden Formen, die nicht mehr nützlich sind. Ich bin das Neue und aus der Asche der heißen Liebe auferstanden, für die ich stehe. Ich habe zwei Gesichter, eines so schrecklich, daß man meine göttliche Natur darin kaum mehr erkennt, und eines so tiefgründig, daß es kaum vorstellbar und glaubhaft ist. Ich bin die unsterbliche, feurige Essenz Gottes, die im Herzen der Menschen, der Tiere und der Pflanzen lebt, im Herzen aller Dinge, die leben und atmen, sich bewegen und sich ins Sein denken. Ich bin das Leben. Ich bin der Tod. Ich bin der feurige Atem Gottes, der nach göttlichem Willen erschafft und vernichtet. Ich teile und trenne, ich verbinde und löse und verschmelze die Energien der Materie, die den Kern des unsterblichen Lebens bildet. Ich bin die ewige Flamme.

Das Schneeglöckchen spricht von unseren Hoffnungen und Träumen auf ein ewiges Leben. Indem es die eisige Dunkelheit des Winters verläßt, repräsentiert es die Freude, wenn man neuen Grund gewinnt, wenn man ins Licht und die Wärme der Sonne hervorbricht. Es war gewiß kein Zufall, daß wir diese Essenz zur Zeit von Peters Übergang ins Licht herstellten.

Die Herstellung der Schneeglöckchen-Essenz stellte den Abschluß der ersten Serie von Essenzen dar, gleichzeitig aber auch den Beginn der zweiten Serie. Das Schneeglöckchen ist die erste Blüte, die nach dem langen, kalten Winter auftaucht. Als die nächste Serie von Essenzen begann, fiel mir auf, daß viele mit der ersten Serie in Beziehung standen, aber auf einer höheren Ebene angesiedelt zu sein schienen. Das Schneeglöckchen zum Beispiel, mit seinen Leitmotiven von Hingabe und Unsterblichkeit, repräsentiert eine höhere Ebene des Mauerpfeffers, der für Übergänge und Transzendenz steht, und die Lorbeerkirsche (Schöpferkraft und Manifestation) stellt eine höhere Spirale der Glockenblume dar, die für Reichtum und Vertrauen steht. Bei der dritten Serie von Essenzen geschah das gleiche, und zu Schneeglöckchen und Mauerpfeffer gesellte sich nach einer weiteren Umdrehung der Spirale die Haselnuß mit ihren Leitmotiven von Befreiung und Freiheit. Auf Glockenblume und Lorbeerkirsche folgte auf der dritten Ebene der Meersenf.

Die Meersenf-Essenz stellte ich am weißen Strand der Mönche von Iona her. Während der Sonnenbestrahlung saß ich am Strand, als eine große Motte mit wunderschöner Flügelzeichnung vor mir landete. Sie schien nicht mehr zum Fliegen abheben zu können und grub sich bei ihren verzweifelten Bemühungen immer tiefer in den Sand ein. Vorsichtig hob ich das Insekt aus dem Sand, brachte es ins Haus und setzte es auf ein Blatt. Als ich ein paar Stunden später nachsah, bemerkte ich erstaunt, daß die Motte zahlreiche Eier auf dem Blatt abgelegt hatte.

Als ich meditierte, um mich auf die Meersenf-Essenz einzustimmen, empfing ich folgendes:

Wie die Motte kämpfe ich gegen alle Widerstände, um zu meinem Ziel zu gelangen. Warum findest du mich hier? Staunst du über meine Saftigkeit?

Die Botschaft erklärte weiter, daß trotz der offenkundigen Schäden in der Landschaft der Überfluß der Natur immer bestehen bleibt, daß die Kraft, zu existieren und uns zu manifestieren, in uns und in allen Lebensformen ruht.

Ich schätze alles, das mir gegeben wird, und verwandle noch den kleinsten Samen in die vielfältigen Segnungen des Lebens.

Ich möchte an dieser Stelle noch ein paar weitere Geschichten mitteilen, um zu beschreiben, wie die Natur einer Essenz sich zu erkennen gibt.

Springkraut

Während der Zeit, als ich die Springkraut-Essenz herstellte, ging ich am Strand von Findhorn spazieren. Ich lief über den Sand und ging dann ins eiskalte Wasser. Es fühlte sich köstlich erfrischend an, und ich sprang hinein. Welche Energie, wie belebend! Anschließend ging ich in die Dünen, suchte mir eine windgeschützte Stelle und legte mich in die Sonne. Ein ungeheures Gefühl von Dankbarkeit stieg in meinem Herzen auf. Ich betete dort um Heilung und Verstehen. Ein paar Monate zuvor hatte ich mir zwei Finger gebrochen, und sie waren immer noch geschwollen und schmerzten, weil sie nur langsam heilten. Ich nahm mein Tagebuch und schrieb:

Hinter der nächsten Düne steht ein Mann. Nun richtet er sich nackt auf und zeigt sich mir. Ich ignoriere ihn und wende ihm den Rücken zu. Spontan rolle ich mich zu einer Fötushaltung zusammen und stecke meine gebrochenen Finger in den Mund. Es fühlt sich sonderbar an, weil ich sie nur schwer biegen kann und der mittlere Finger immer noch weh tut. Ich befinde mich in einem traumartigen Zustand, und mir wird bewußt, daß ich als Fötus im Schoß meiner Mutter liege und an diesen zwei Fingern sauge – den gleichen, an denen ich als Kind bis zum Alter von sieben Jahren immer gelutscht habe. In diesem Schoß fühle ich mich friedlich, versorgt und erfüllt. Im nächsten Moment habe ich Angst. Ich fürchte die Geburt und die Trennung von meiner Mutter. Ich höre mich sagen: Ich will nicht allein sein, gefolgt von dem Gedanken: Aber ich bin hier drinnen auch allein. Und ich bin eins mit meiner Mutter. Auf einmal bin ich wieder in der Wirklichkeit. Der nackte Mann richtet seinen Blick auf mich. Ich muß weitergehen.

Ich kehrte in den Garten zurück, um die Essenz zu holen, und als ich mich darauf eingestimmt hatte, stellte ich fest, daß sie Gefühle von Vertrauen, Liebe, Wärme und Fürsorge fördert. Sie hilft uns, das Leben und den menschlichen Körper, in dem unsere Seele sich inkarniert hat, zu lieben und zu akzeptieren.

Weiße Rose

Während ich die Rosen-Essenz zubereitete, erlebte ich meine erste Begegnung mit dem Naturgott Pan. Ich saß friedlich im alten Garten bei den Wildblumen und spürte eine starke Präsenz. Ich fühlte sie so dicht bei mir, daß ich ihren Atem zu spüren schien. Das brachte mich so aus der Fassung, daß ich fast in Panik geriet, vor Angst die Augen schloß und sagte: »Du bist zu nahe.« Dann hörte ich, wie der Kies knirschte und sich jemand entfernte. Ich zwang mich, die Augen zu öffnen, und sah mich im Garten um. Alle Blätter, Pflanzen und Blüten glühten wie elektrisch aufgeladen. Ich wußte, daß ich mit dem inneren Auge sah. Ich bemerkte zwei Augen, die mich aus den Blättern eines Baumes anglühten – und wie die Bilder vom Grünen

Mann, wenn er durch die Zweige schaut, löste er sich langsam aus dem Geäst. Es war der Gott Pan. Er war vier Meter groß und zeigte sich in seiner ganzen Pracht. Ich saß vor ihm voller Ehrfurcht und nun völlig ohne Angst. Da hörte ich ihn sagen: »Ich werfe meinen Samen in den Schoß der kosmischen Mutter.«

Es war zum Höhepunkt des Sommers, und die Samen, wie etwa die der Disteln, schienen wie eine Opfergabe gen Himmel zu schweben. Ich habe Pan seitdem öfter getroffen, und er hat sich mir auch in anderen Gestalten gezeigt, zum Beispiel als der flötespielende, tanzende Faun mit den gespaltenen Hufen. Und ich begreife, wieso man ihn als Herrn der unteren Welt der Materie zum Teufel machen konnte.

Bergahorn

Nachdem ich die Bergahorn-Essenz hergestellt hatte, ging ich völlig erschöpft nach Hause. Ich fiel ins Bett und schlief noch in Mantel und Schuhen ein. An diesem Abend gab es ein besonderes Essen im Gemeinschaftszentrum zu Ehren von George Trevelyan. Dies war sein letzter Besuch, bevor er ins Licht überging. Er war so schwach, daß er kaum noch stehen konnte, aber für diesen Anlaß sammelte er alle Kräfte und hielt eine bewegende Rede, so daß die Kraft seines Geistes durch seinen ausgemergelten Körper hindurchschien.

Ich hatte an diesem Tag gelernt, daß die Essenz des Bergahorns uns ermöglicht, uns der grenzenlosen Energiequellen des inneren Lichts und der Lebenskraft zu bedienen, die uns Kraft und Geduld schenken und unserem Energiestrom Sanftheit und Leichtigkeit geben.

Das Luft-Element: Der Brunnen des Nordwinds

Nachdem ich auf Iona diese Elementar-Essenz hergestellt hatte, kehrte ich auf die Nachbarinsel Erraid zurück, wo ich wohnte, und meditierte im dortigen Heiligtum mit seinem Ausblick auf Iona. Ich hatte beim Sammeln der Blüten für die Essenz eine Botschaft der Luftgeister erhalten, daher erwartete ich keine weitere Kommunikation. So war ich leicht erstaunt und amüsiert, als ich hörte: »Ihr Menschen seid wie Pfaue. Ihr stolziert mit euren Egos herum. Strebt danach, mehr wie die Schwäne zu werden!« Bei dieser Essenz geht es darum, frei zu sein wie die Sylphen, um sich zu den Höhen der Inspiration hochschwingen zu können.

Wenn ich mich auf die natürliche Intelligenz einer Pflanze einstimme, erhalte ich eine Botschaft, die von den positivsten und höchsten Eigenschaften einer Essenz spricht. Beim Stechginster war die Eigenschaft, mit der ich mich verband, Freude. Freude und Licht, die von unserem innersten Selbst kommen, beeinflussen uns auf allen Ebenen. Der Stechginster regt diese an, fördert Begeisterung und stimuliert die Abwehrkräfte (durch das Milzzentrum, das pranische Energie aufnimmt, und die Thymusdrüse).

Ich betrachte eine Blütenessenz als einen geschliffenen Diamanten. Ich glaube, jede Blütenessenz hat zahlreiche Facetten, und es liegt an uns, uns auf sie einzustimmen und den Diamanten zu polieren, so daß sich die Schönheit jeder Facette enthüllt. Nur eine relativ kleine Menge an Informationen, Daten und Forschungen steht uns über die vielen Blütenessenzen zur Verfügung, die aus aller Welt zu uns kommen. Wenn sie erst besser erforscht sind, können wir das Gesamtbild eines jeden Heilmittels erkennen. Daher dauert es bei den Findhorn-Blütenessenzen mindestens ein Jahr, ehe ich die Essenz für den allgemeinen Gebrauch freigebe. Auch wenn ich die Informationen ursprünglich von den Naturintelligenzen empfange und diese ganz deutlich machen, was die Quintessenz jeder einzelnen Essenz ist, ist es für mich ein tiefschürfender und langer Prozeß, eine Essenz und ihre Wirkung auf allen Ebenen zu definieren: physisch, emotional, geistig und spirituell.

Davon abgesehen beeinflussen auch die Landschaft, die Umwelt und ihre Energien, das Bewußtsein des Herstellenden, die Tageszeit und die Jahreszeit die Eigenschaften der Essenz. Es ist zum Beispiel besser, eine Essenz, deren Wirkung es ist, etwas ›freizusetzen‹, am Nachmittag zuzubereiten, wenn die Kraft der Sonne schon abnimmt. Und die Energien, die zur Zeit des Vollmonds zur Verfügung stehen, sind einzigartig und können benutzt werden, um bestimmte Eigenschaften einer Essenz zu verstärken.

Wenn daher Stechginster-Essenz in verschiedenen Landschaften, zu verschiedenen Zeiten und mit unterschiedlichem Wasser hergestellt wird, kann ihre Wirkung subtil, aber stark verändert werden. Wenn wir rein makrobiotisch leben würden, wäre eine in der jeweiligen Gegend hergestellte Essenz ideal. Wir sind jedoch planetarische Wesen, und zumindest im Westen nehmen wir oft Nahrungsmittel zu uns, die aus allen Erdteilen stammen. Eine Essenz aus Australien wirkt daher ebensogut in Schottland wie eine Essenz aus Schottland in Australien. Der Unterschied besteht meiner Erfahrung nach darin, daß eine einheimische Essenz bei Einheimischen viel schneller wirkt und nicht so lange eingenommen zu werden braucht wie Mittel aus anderen Erdteilen. Die Heilung erfolgt rascher.

Umwelt und Bewußtsein spielen bei der Herstellung von Essenzen eine große Rolle. Blüten für eine Essenz sollten in einer möglichst unberührten und unverschmutzten Landschaft gesammelt werden. Sie müssen auf dem Höhepunkt ihrer Blüte stehen und in einwandfreiem Zustand sein. Eine Ausnahme davon bildete die

Zubereitung meiner Gänseblümchen-Essenz. Ich hatte damals starke Zweifel, denn ich benutzte Blüten, die auf einem vielbegangenen Platz in Findhorn wuchsen. Eines Morgens tauchten dort die Gärtner mit ihren Rasenmähern auf, und ich rannte, ohne groß nachzudenken, hinüber und bat sie zu warten, bis ich ein paar Blüten gepflückt hatte. Sie sahen mir amüsiert zu, während ich mich still einstimmte, um Erlaubnis bat, dankte, die Gänseblümchen pflückte und in meine Glasschale legte. Meine Zweifel an dieser Blütenessenz entstanden, weil sie an einem öffentlichen Ort neben der Straße gewachsen waren, aber mir fiel dann dazu ein, daß sie wohl genau aus diesem Grund aufgenommen werden müßten. Und als ich mich auf sie einstimmte, bestätigte die Botschaft auch, daß Gänseblümchen denjenigen helfen, die Ruhe inmitten des Sturms und der Betriebsamkeit des städtischen Lebens suchen.

In gewisser Hinsicht stellten sich die Findhorn-Blütenessenzen selbst her. Die besondere Umgebung des Findhorn-Gartens bot den perfekten Boden für ihre Geburt. Meine Rolle bei ihrer Entstehung war einfach die eines Werkzeugs und eines Kanals für den Geist. Die Essenzen wie auch die Blüten gehören der ganzen Welt.

Einstimmung, Ausrichtung und Bewußtsein

Um sich auf die Pflanzen einzustimmen, muß man in bewußtem Kontakt zur eigenen Seele oder Präsenz stehen. Durch diese Einstimmung wird man sich der Einheit des Bewußtseins gewahr, der Liebe, die in der ganzen Schöpfung zugegen ist. Tritt man dann mit den Blüten in Kontakt, kann man den Ausdruck des Göttlichen in der Pflanze und die grundlegende Richtung ihres Strebens erkennen. Die Liebe zu den Blumen ermöglicht uns die Erfahrung der Liebe innerhalb des eigenen Selbst, und wenn man sich dem inneren Ausdruck öffnet, kann die Schönheit der Blüten bewirken, daß man in sich selbst zu dem Bewußtsein erwacht, das der manifestierten Form zugrunde liegt.

Die Mutter

Der magische Garten

Der Zauber des Findhorn-Gartens ist in der ganzen Welt bekannt. Die Findhorn Foundation begann mit dem Garten, und die Gemeinschaft, die darum entstand, hat sich durch ihre Zusammenarbeit und Kooperation mit dem

Reich der Natur entwickelt. Dies ist ein Ausdruck und eine Manifestation des Geistes der Begründer und aller, die in ihren Fußstapfen nachfolgten - die Einstimmung in den Göttlichen Geist in uns und in der Natur ringsum. Diese tiefe Verbindung zur Natur nährt und inspiriert alle, die hierherkommen.

Ich kam 1976 zum ersten Mal nach Findhorn, um dort zu leben. Interessanterweise habe ich damals nicht im Garten gearbeitet, denn ich befaßte mich mit der Kommunikation und den Verbindungen nach außen.

Ich blieb damals fünf Jahre lang in der Findhorn-Gemeinschaft. Anschließend kehrte ich in meine Heimat Australien zurück, wo meine Kinder Iona und Michael zur Welt kamen. Außerdem ließ ich mich dort zur Homöopathin ausbilden. In meinem letzten Studienjahr begann ich mich für die australischen Pflanzen und deren Heilkräfte zu interessieren und fand bald darauf meinen Lehrer in Ian White von der Firma *Australische Buschblüten-Essenzen*. Drei glückliche Jahre lang arbeitete ich für diese Firma und als Homöopathin, ehe ich mich überraschend nach Findhorn zurückgerufen fühlte.

Die Entwicklung der Findhorn-Blütenessenzen war für mich eine weitere Lehrzeit. Ich ließ mich von meinen inneren Verbindungen leiten und ergab mich voll Vertrauen diesem Wissen. Durch wachsende Zuversicht und ständige Übung ist diese Verbindung in den Jahren, seit ich mit der Herstellung der Essenzen begann, immer stärker geworden. Ich freue mich, heute mein Wissen und meine Erfahrungen in Einstimmung, Ausrichtung und Bewußtsein an andere weitergeben zu können.

Die Fähigkeit, mit Engeln und Naturwesen zu kommunizieren und Kontakt zu ihnen aufzunehmen, ist uns angeboren. Unsere Aufgabe ist es, sie bewußt zu machen. Wenn wir in Herz und Seele und im Geist der Liebe die scheinbare Trennung zwischen uns und der unsichtbaren spirituellen Welt überbrücken, finden wir ein freudevolles

Einssein mit der Natur und die Fähigkeit, mit ihr gemeinsam schöpferisch tätig zu werden.

Einssein

Der Prozeß der praktischen Einstimmung ist so einfach, daß jedes Kind es zu tun vermag. David Spangler sagt dazu:

Das Konzept des Einsseins beginnt mit dem Verständnis, daß es keine wirkliche Trennung gibt und daß alles in einem einheitlichen Feld des Seins existiert. Wenn das Wissen um die Einheit der Schöpfung vorhanden ist, enthüllt sich für uns eine undramatische und natürliche Methode der Transzendierung unserer menschlichen Bewußtseinsebene und der Kommunikation mit den höheren Dimensionen des Seins. Diese Technik nennen wir Einstimmung.

Um mit einer Lebensebene zu kommunizieren, die scheinbar außerhalb von uns liegt, müssen wir einfach nur die entsprechende Realität in uns selbst entdecken und uns darauf einstimmen. Dann erkennen wir, daß es keine Trennung gibt, daß wir essentiell eins mit dieser Ebene sind, und können das Einssein als Realität akzeptieren. Mit zunehmender Übung können wir mit immer höheren und weiteren Bereichen des Lebens kommunizieren – sowohl vertikal im Sinne höherer Schwingungsebenen wie auch horizontal im Sinne der physischen Ebene, die uns in Gestalt der Mitmenschen und als Leben in der Natur umgibt.

Einstimmung ist Kommunikation durch Kommunion, durch die Erkenntnis des Einsseins, das immer da war. Im Gegensatz zur üblichen Kom-

munikation, die als ein Strom zwischen zwei oder mehr Zentren oder Menschen gesehen wird und die daher das Konzept der Trennung aufrechterhält, gibt es bei der Einstimmung keine Strömung zwischen verschiedenen Zentren, sondern nur Einssein.

In vergangenen Zeiten lebte die Menschheit in engerem Kontakt zum Land und in Harmonie mit den Rhythmen und Zyklen der Natur. Die moderne Zivilisation hat diese Verbindung vergessen oder sogar verloren.

Die Erkenntnis, daß sich die Welt in einem empfindlichen Gleichgewichtszustand befindet, die Suche nach einem harmonischeren Lebensstil und ein zunehmendes Bewußtsein für die feinstofflichen Welten hat dazu geführt, daß wir erneut verstehen wollen, wie man in Kooperation mit den Naturreichen arbeitet.

Ein Leben in Übereinstimmung mit den Gesetzen Gottes und der Natur beginnt mit innerer Ausrichtung und Einstimmung. Aus diesem Bewußtsein heraus wuchs und gedieh der Garten von Findhorn. Er nährt Seele, Körper und Geist der Menschen, die sich von ihm angezogen fühlen, und diese bewußte Kooperation mit der Natur, innerlich wie äußerlich, war immer das erste Prinzip bei der Arbeit in diesem Garten.

Einstimmung ist der Zustand des Einsseins und der manifestierten Bewußtheit, der Präsenz des Seins, der lebendigen Gegenwart Gottes in jedem Moment. Wie praktiziert man diesen Bewußtseinszustand?

Ich fragte Eileen Caddy, die Mitbegründerin der Findhorn-Stiftung, wie sie das macht. Sie sagte, sie versuche bewußt, Herz und Verstand auszugleichen, Gott und die göttlichen Schwingungen wahrzunehmen, von denen wir stets umgeben sind, und sich auf sie einzustimmen. »Und wie machst du das?« fragte ich. »Indem ich mich durch Meditation, Gebet und inneres Lauschen einstimme«, lautete ihre Antwort. »Das können wir alle mit unserem Bewußtsein erreichen.«

Der erste Schritt ist also, still zu sein. Vielleicht haben Sie schon erlebt, daß Sie draußen in der Natur plötzlich von all der Schönheit ringsum überwältigt waren. Wenn man einer Ameise bei der Arbeit zuschaut oder die Geräusche der Natur hört, wie der Wind in den Bäumen rauscht und der Fluß murmelt, kann man in ein Gefühl von völligem Frieden eintauchen. Manchmal bemerken wir das allerdings nicht, weil es so subtil ist. In solchen Augenblicken erleben wir das Einssein mit der Natur. Doch dann erwacht der Verstand wieder und bringt uns ins ›Alltagsbewußtsein‹ zurück, und wir vergessen es wie einen Traum.

Eileens Methoden ermöglichen uns, diesen Zustand der Einstimmung zu erreichen. Genau wie ein Kind können wir unser Selbst mit der Natur in Einklang bringen, indem wir einfach schauen und still sind. Wenn wir uns mit der Natur identifizieren, reflektierend und beobachtend, ändert sich unsere Beziehung, lösen sich alle Unterschiede wie von selbst auf. Dorothy Maclean sagt dazu, es sei die Entscheidung, sich ins Überbewußtsein zu begeben. Es ist ein Sich-Einfühlen in die Natur, ein Erwecken der inneren Sinne für die innere Wahrnehmung. Wir begeben uns in einen Zustand des Wissens und der Intuition jenseits des konkreten Verstandes. Um diese Verbindung herzustellen, braucht es eine klare Absicht oder Motivation, Vertrauen – und viel Übung!

Die Elementargeister

Bei meiner Einstimmung rufe ich stets die Anwesenheit der elementaren Naturgeister an. Das sind die Elementarwesen von Erde, Luft, Feuer und Wasser, die alle Formen erbauen. Den Plan dazu besitzen die Devas oder Engel, die Architekten der Form.

Die elementaren Energien geben uns die Triebkräfte, die wir brauchen, um uns lebendig zu fühlen. Jedes Elementarwesen spiegelt ein grundlegendes Energiemuster, nach dem etwas in der Natur geschaffen wird und sich manifestiert. Diese Energien verbinden sich miteinander, um alle Materie auf der Erde zu erschaffen und zu erhalten. Es heißt, daß die Elementarwesen sich durch Zusammenarbeit mit uns in der Hierarchie des Lebens nach oben bewegen können. Mit ihnen zu arbeiten ist eine dynamische Methode, sich in alle Energien der Natur und deren Wirkung auf uns einzustimmen. Sie ermöglicht eine ›Kontrolle‹ über unser eigenes Energiesystem auf allen Ebenen.

Mein Bewußtsein von den Elementarwesen wurde geschärft, als ich mich dazu inspiriert fühlte, Essenzen herzustellen, welche die Elemente verkörpern. Als ich an einem sonnigen Tag im Sommer 1993 am Fluß in Findhorn saß, war ich von der Kraft des fließenden Wassers wie benommen und nahm ohne einen weiteren Gedanken meine Glasschüssel, um eine Essenz zuzubereiten. Ich spürte die Kraft des Flusses wie einen Kanal für Lebensblut, der dieser Landschaft Nahrung und Nährstoffe zuführt. Ich bereitete danach auch Essenzen zu, die die Eigenschaften von Erde, Luft, Feuer und Äther verkörpern. Diese Essenzen haben bestimmte gemeinsame Eigenschaften: Einheit mit dem Geist, höchste Kraft, grenzenlose Energie, Freiheit, Beweglichkeit, Unzerstörbarkeit, ewiges Leben, Humor, Verwandlung und Metamorphose. Ich benutze diese Element-Essenzen vor allem für Gruppen und Räume: zur Heilung und Reinigung, für Zeremonien und Rituale (siehe auch *Die Botschaften der Element-Essenzen*, S. 115 ff.).

Die Erdgeister heißen auch Zwerge. Sie sind die Bewahrer des Lebens. Rudolf Steiner sagte, sie würden mit Hilfe der Feuergeister den Pflanzen Leben einhauchen und sie nach oben schieben. Sie bringen die Lebenskraft zu den

Wurzeln, die gleiche Lebenskraft, in der sie selbst leben. Für Zwerge ist die feste Erde hohl und bietet keinen Widerstand. Zwerge verwandeln die geistigen Strömungen, die von der Blüte und den Früchten nach unten zu den Wurzeln wandern, und sie tragen die Vorstellungen des ganzen Universums durch die Welt wie einen Strom.

Die Wassergeister sind auch als Undinen bekannt. Ohne Wasser gäbe es kein Leben, und die Wassergeister bringen Erneuerung. Unsere Ahnen betrachteten das Wasser als ein lebendiges Wesen mit der Macht, Lebenskraft, Gesundheit und Energie zu spenden. Die Undinen symbolisieren Energie im Überfluß. Bei den Menschen regieren sie den Astralkörper und die Säfteströme des Körpers; außerdem regen sie die Gefühlswelt an. Die Arbeit mit ihnen kann uns helfen, unsere Traumaktivitäten zu steuern und bei den kreativen Aspekten des Lebens die höchste Ekstase zu erreichen. Rudolf Steiner sagte, daß die Undinen in der Pflanzenwelt mit den Blättern arbeiten. Sie binden und lösen mit ihren Träumen die Substanzen der Luft, die sie auf geheimnisvolle Weise in die Blätter einweben. Sie sind die Chemiker der Welt.

Luftgeister oder Sylphen bringen Inspiration und Kreativität. Viele von ihnen wirken an der Bildung der Luft und der atmosphärischen Strömungen mit. Im Menschen unterstützen sie den Mentalkörper, schenken neues Wissen und Inspiration und helfen uns, intuitives und rationales Denken miteinander zu verbinden. Durch den Atem und die Luft nehmen wir Kraft auf. Die wahre Macht des Wortes wird mit der Hilfe der Luftgeister geweckt, und sie sind überaus wichtig für die Entwicklung von übersinnlichem Hören und Telepathie. Ihre Energie wirkt anregend, ist veränderlich und kann zu größter Intelligenz und Willenskraft anregen. Steiner sagte, daß die Sylphen im Luft-Wärme-Element leben. Sie drängen zum Licht und verbinden sich mit diesem und den Schwingungen der Luft, diesem geistig klingenden, alles bewegenden Element. Sie absorbieren, was die Kraft des Lichts an die Luftschwingungen abgibt. Sie sind die kosmischen Träger der Liebe in der Atmosphäre und tragen die Wünsche der Liebe durchs gesamte Universum.

Bei den Pflanzen ist ihre Aufgabe, ihnen das Licht zu bringen. Die Wirkungskraft der Sylphen in den Pflanzen verbindet sich mit den chemischen Kräften, die die Undinen beisteuern. Hier findet das Zusammenwirken des Sylphenlichts und der Undinen-Chemie statt. Die Sylphen weben die ideale Pflanzengestalt aus dem Licht.

Die Elementargeister des Feuers sind die Salamander, die anregende, strahlende Lebenskraft bringen. Die Feuergeister, Mittler für Transformation, Verwandlung und Regeneration, besitzen den Schlüssel zu den Prozessen der Alchemie. Das feurige Element ist gleichzeitig konstruktiv und destruktiv; es hilft, das Alte zu vernichten und das Neue zu erbauen; es ist besonders wirksam bei der Heilarbeit, weil es hilft, katalytische Heilenergien zu entwikkeln. Diese Energien sind sehr anregend; ihre Wirkung ist belebend und kann starke emotionale Strömungen und Leidenschaften hervorrufen, die manchmal schwer zu steuern und zu kontrollieren sind. Wenn man mit diesen Elementargeistern arbeitet, ist es daher am besten, eine Haltung der Ruhe und der gelassenen Zufriedenheit einzunehmen; dann schenken sie Inspiration, spirituellen Idealismus und klare Wahrnehmung. Die Feuergeister werden durch Musik und kräftige Rhythmen angeregt.

Steiner sagt, daß sie bei den Pflanzen im Wärme-Licht-Element wohnen. Wenn die Erdtemperatur sich dem Höhepunkt nähert oder ansonsten genau richtig ist, sammeln sie alle Wärme zusammen, tragen sie zu den Blüten und Samen und transportieren die konzentrierte kosmische Wärme auf den kleinen Luftschiffen der Pollen.

Die Devas

Die Engel oder Devas leiten und steuern die Arbeit der Elementarwesen. Das Wort *deva* stammt übrigens aus dem Sanskrit und bedeutet ›scheinend, glänzend, strahlend‹.

Menschen, die in engem Kontakt zur Natur stehen, die künstlerisch begabt und sensibel sind, scheinen am ehesten befähigt, mit dem Deva-Reich in Kontakt zu treten, besonders in Regionen der Welt, wo es viele Berge und Seen gibt und die Schönheit der Landschaft eine fast magische Qualität besitzt.

Die Vorstellung von der Existenz solcher Wesen ist nicht neu. In der Weltliteratur aller Zeitalter wimmelt es von Mythen, Legenden, Märchen und Allegorien über diese strahlenden Engel der Natur.

Zu allen Zeiten gab es Menschen, die davon berichteten, daß sie Kräfte, Phänomene und Wesen wahrnehmen können, die normalerweise unsichtbar sind. Trotz der großen Abstände in Zeit und Raum gibt es bemerkenswerte Ähnlichkeiten zwischen den entsprechenden Mythen, Legenden und Märchen der verschiedenen Völker dieser Erde. Daß der Glaube an ein Reich der Engel durch alle Zeitalter hindurch so universal, ähnlich und durchgängig ist, scheint ein Beweis dafür, daß ein Kern der Wahrheit in diesen Überzeugungen enthalten ist, eine faktische Grundlage, auf der dieser Volksglaube sich gründet.

Mein Verständnis vom Verhältnis zwischen Devas, Engeln und Menschen ist, daß wir einer miteinander verbundenen Gruppe angehören und zusammen daran arbeiten, die Naturgesetze und das Ziel der menschlichen Evolution zu erfüllen. Vom kleinsten bis zum größten hat jedes Wesen seine eigene Aufgabe. So wie die höchsten Engel mit ihrer überragenden Intelligenz die Welten erschaffen, so steuern die winzigen Naturgeister mit ihren Kräften die Prozesse des Pflanzenreichs. Je stärker wir in Kontakt zur Natur kommen, desto mehr werden wir eins mit ihr und begreifen die Tiefe ihrer Schönheit. Wenn sich bewußte Beziehungen zwischen Devas, Engeln und Menschen entwickeln, wird es für alle möglich, voneinander zu lernen und einander zu unterstützen. Denn alles Leben, ob sichtbar oder unsichtbar, untersteht demselben geistigen Gesetz, und jeder Teil muß mit allen anderen zusammenwirken, um den göttlichen Willen zu erfüllen. Wenn wir unsere kollektiven Ziele in bewußtem Kontakt und in Kommunikation mit dem Reich der Engel und Devas verfolgen, kann die Menschheit vielleicht ihren wahren Platz im Plan der Schöpfung entdecken.

Septembergedicht

Geister des Wassers und der Luft
durchweben die Welt
voller Sorge ums Werden.
Die Söhne des Feuers
und die Zwerge der Erde,
sie alle sprechen zu mir,
während sie wirken.
Oh, wir schaffen in der Welt
aus reiner Freude allein.
Doch wir bitten euch, seht unsere Taten
und mißachtet sie nicht,
denn ihr erlöst uns aus der Verzauberung,
wenn ihr euer Leben mit unserem verbindet.

Michael Hedley Burton

Energiemedizin und die feinstofflichen Körper

Die Seele ist der Heiler innerhalb der Form, und wahre spirituelle Heilung erfolgt, wenn die Seelenenergie angerufen wird und sich in den Ätherleib ergießt. Sie versetzt ihn in einen neuen, strahlenden Zustand und beeinflußt dadurch auch die physische, körperliche Form.

Alice Bailey

Man hat Blütenessenzen einmal als ›flüssige Tropfen von Bewußtsein‹ beschrieben. Sie sind energetische Heilmittel und wirken auf den ätherischen oder feinstofflichen Körper auf jenen tiefen Ebenen, die die Energiemuster beeinflussen, welche das Leben und das Bewußtsein steuern. Um zu erkennen, wie Blütenessenzen wirken, muß man über den feinstofflichen oder ätherischen Körper Bescheid wissen, wobei wir davon ausgehen, daß der Mensch mehrdimensional ist und aus Körper, Seele, Verstand und Geist besteht.

Der Ätherleib beeinflußt, kontrolliert und bestimmt den Lebensausdruck des Individuums. Er trägt die Kräfte der Persönlichkeit und versetzt daher den physischen Körper in Aktivität. Da die Chakren jeweils bestimmte Bereiche des Körper und der Drüsen beherrschen, kann Heilenergie wirksam durch sie kanalisiert werden. Durch die Anwendung von Blütenessenzen kann ein direkter Ausgleich erzielt werden.

Der ätherische Körper liegt dem physischen Körper zugrunde und durchdringt ihn; er enthält die Blaupause unserer körperlichen Struktur. Alle Unausgewogenheiten dieses Körpers sind in den anderen Körpern reflektiert – im physischen, emotionalen, mentalen und geistigen.

Im ätherischen Körper gibt es sieben Hauptchakren oder Energiezentren, die Verbindungspunkte für den Energiefluß zwischen einer Ebene zur anderen bilden. Das Wort ›chakra‹ bedeutet wörtlich übersetzt ›Rad‹. Die Chakren nehmen die Energie der höheren Schwingungsebenen auf, assimilieren und verarbeiten sie. Anschließend werden diese vermischt und verwandelt, um die Energien zu erzeugen, die zur Belebung des Körpers benötigt werden.

Chakren erhalten ihre Energien aus verschiedenen Quellen, zum Beispiel aus dem Kosmos (*prana*), aus der Umwelt, von der Familie und den Ahnen oder auch aus dem kollektiven Unbewußten. Die Aktivität der Chakren wird von der inneren Entwicklung des Individuums bestimmt, das heißt, von der Qualität des physischen, emotionalen und spirituellen Wesens.

Von außen kommende Primärenergie wird von den Chakren aufgenommen und dann je nach den Eigenschaften des Chakras vermischt, um sekundäre Energien zu erzeugen, die über die *nadis,* die Chakrameridiane, nach außen fließen und das Nerven- und Drüsensystem sowie das Blut beeinflussen. Der Blutkreislauf trägt diese Lebensenergie in alle Körperteile. Ein freies Fließen dieser Lebensessenz ist für Gesundheit und Wohlbefinden von größter Bedeutung.

Die Chakren sind für das richtige Funktionieren des gesamten Organismus mit seinen physiologischen wie psychologischen Mechanismen verantwortlich. Sie beherrschen die Drüsen, die in direkter Verbindung zum Blutkreislauf stehen, und damit verschiedene wichtige Körperbereiche. Die vier Hauptverteiler von Lebensenergie sind der ätherische Körper, das Drüsensystem, das Nervensystem und der Blutkreislauf: vier Aspekte eines lebenswichtigen Kreislaufsystems, das als ein integriertes Ganzes funktioniert.

Die Chakren

Chakren können zu stark oder zu wenig stimuliert oder auch ganz blockiert sein. Das kann sich in Form besonders belasteter Bereiche zeigen wie auch als Überbetonung oder Verleugnung von bestimmten Persönlichkeitsaspekten. Sie können aber auch von äußeren Faktoren beeinflußt werden, wie Miasmen (angeborene oder erworbene Abweichungen des Energiekörpers, die einen für chronische Krankheiten anfällig machen).

Wenn Chakren blockiert sind, kann sich das durch Störungen im physischen, emotionalen oder geistigen Gleichgewicht zeigen. Der Strom der Lebensenergien wird behindert und das Seelenwachstum blockiert. Negative Emotionen wie Unsicherheit und Angst unterdrücken die Chakra-Aktivität. Wenn Chakren überstimuliert sind, können akute Entzündungen im physischen Körper auftreten; wenn sie unterstimuliert sind, tauchen eher chronische Probleme auf.

Die folgende Zusammenfassung der Hauptchakren, jeweils mit Lage und Funktion, soll jenen dienen, die mit diesen Energiezentren noch nicht vertraut sind. Damit läßt sich leichter erkennen und verstehen, wie Blütenessenzen wirken, indem sie öffnen, reinigen, Verbindungen schaffen und einen freien Fluß der Energien ermöglichen.

Das Kronenchakra

Dieses Chakra ist verbunden mit der Energie des göttlichen Willens. Als Organ der Synthese verbindet es inneres Wesen und äußere Persönlichkeit. Es hat seinen Sitz auf dem Scheitel und beherrscht die obere Gehirnhälfte und das rechte Auge. Als Sitz der Seele repräsentiert es den spirituellen Seinswillen, wobei es gleichzeitig Informationen von außen verarbeitet und die kosmischen Prinzipien der Wahrheit auf andere Ebenen überträgt. Es herrscht über die lichtempfindliche Zirbeldrüse, die der Sitz des ›Dritten Auges‹ ist. Die Zirbeldrüse verankert das Bewußtseins-Prinzip.

Das Stirnchakra (Drittes Auge)

Dieses Zentrum ist verbunden mit der Energie der aktiven Intelligenz. Es hat seinen Sitz zwischen den Augenbrauen und beherrscht den unteren Teil des Gehirns, das linke Auge, die Ohren, die Nase und das Nervensystem. Es ist mit dem Kehlkopfzentrum verbunden und verbindet die spirituelle Triade (Geist, Seele und Intellekt) mit der Persönlichkeit. Als Sitz der integrierten Persönlichkeit arbeitet es in Richtung Individuation und im Bereich von Idealismus, Vorstellungsvermögen und Verlangen.

Das Kehlkopfchakra

Dieses Chakra ist das Organ für die Verteilung der kreativen Energie, besonders des kreativen Worts. Es registriert die Absichten oder kreativen Ziele der Seele, die durch den Energiefluß vom Stirnchakra oder Dritten Auge hierher übertragen werden. Es beherrscht die Lungen, die Bronchien und den Stimmapparat sowie den Verdauungskanal. Als Zentrum der Intelligenz und des kreativen Ausdrucks von Gedanken und Emotionen ist es bei vielen Menschen sehr aktiv. Es hat seinen Sitz auf der Wirbelsäule im Nackenbereich und beherrscht die Schilddrüse und in geringerem Maß die Nebenschilddrüse und die Ohrspeicheldrüse.

Das Herzchakra

Dieses Chakra ist das Zentrum des Empfangs und der Verteilung der göttlichen Liebe, die sich durch die Seele ergießt. Es beherrscht das Herz, den Blutkreislauf, das Blut und den Vagus-Nerv, außerdem die Thymusdrüse, die mit Hyper- und Autoimmunreaktionen zu tun hat. Das Herzchakra bezieht sich auf Gruppeninteressen und verankert das Lebensprinzip. Übermäßige Energien im Solarplexus können dieses Chakra überfordern.

Das Solarplexus-Chakra

Dieses Zentrum ist das Organ der Begierde, das Instrument, durch welches emotionale Energien fließen und die Astralenergien in die Außenwelt gelangen. Als Empfänger sämtlicher emotionaler Reaktionen und von lustvollen Impulsen und Energien sammelt dieser Punkt alle niederen Energien, ist eine Zentrale für die Lenkung und Verteilung dieser gesammelten Energien und überträgt sie auf die höheren Zentren. Es hat seinen Sitz unterhalb der Schulterblätter auf der Wirbelsäule und beherrscht das Eigeninteresse und das Gefühlsleben wie auch die Bereiche der Bauchspeicheldrüse, des Magens, der Leber, der Gallenblase und das Nervensystem.

Das Sakralchakra

Es hat seinen Sitz oberhalb des Kreuzbeins auf gleicher Höhe mit dem Nabel, und ist das Zentrum der kreativen sexuellen Energien. Es beherrscht das Reproduktionssystem und die Geschlechtsteile. Wenn dieses Chakra überaktiv ist, kann man es ausgleichen, indem man sich in einer Visualisierung oder Meditation vorstellt, daß überschüssige Energie zum Kehlkopfchakra hochgezogen wird, um dort ausgedrückt zu werden.

Das Wurzelchakra

Dieses Zentrum gibt das lebenspendende Prinzip, den Lebenswillen, an alle Körperteile weiter und drückt die Energie des spirituellen Willens aus. Es hat seinen Sitz am Steiß, und es beherrscht den physischen Lebenswillen und den Selbsterhaltungstrieb. Die mit ihm verbundenen Nebennierendrüsen helfen uns, Gefahr wahrzunehmen und Streß zu bewältigen.

Die Arbeit mit den Blütenessenzen

Die Blumen der Erde sprießen empor und lachen über die Zeit und den Tod.

Sri Aurobindo

Die Auswahl der richtigen Blütenessenz

Die richtige Wahl einer Blütenessenz ist nicht immer ganz leicht, wenn man einfach nur die Beschreibungen liest. Oft fühlen wir uns zu so vielen Essenzen hingezogen, daß wir schließlich alle in unser Einnahmefläschchen geben wollen. Ich mische aber nur selten mehr als vier Essenzen zusammen, und auch dann nur, wenn sie einander ergänzen und verwandte Probleme und Symptome angehen (siehe *Kombinierte Blütenessenzen* ab Seite 103). Ansonsten finde ich es sehr wirksam, eine einzige Essenz zu verschreiben, die wie ein homöopathisches Konstitutionsmittel eine tiefe und dauerhafte Wirkung hat.

›Konstitutionelles Verschreiben‹ bedeutet, ein einziges Mittel zu bestimmen und anzupassen, das dem Persönlichkeitstyp des Individuums entspricht. Dazu gehören Temperament, Eigenschaften, Verhalten und Symptome.

Die Grundlage für eine erfolgreiche Auswahl der Blütenessenzen ist, nach den wichtigen Themen auf der emotionalen, psychologischen und seelischen Ebene zu suchen, in der Gegenwart wie in der Vergangenheit. Mögliche Bereiche sind zum Beispiel Kindheit, Gefühle, verfügbare Energie, Ängste, Veränderungen, geistige Klarheit, Denkmuster, Motivation, Umwelteinflüsse, körperliche Gesundheit, Beziehungen, Selbstwertgefühl, Sexualität, Streß, Schlaf, Schocks und Traumata. Eine Essenz für sich selbst auszuwählen erfordert Ehrlichkeit und gründliche Selbstreflexion.

Andere Methoden der Auswahl, die die Intuition einsetzen, sind zum Beispiel kinesiologische Muskeltests oder Auspendeln. Auch wenn man in diesen Methoden erfahren ist, braucht es für ein optimales Ergebnis Objektivität sowie gute Kenntnisse der Essenzen und der zu behandelnden Themen. Während der Einstimmung sollte man die Beschreibungen lesen, um dabei ein intuitives Gefühl dafür zu gewinnen, welche Essenzen richtig scheinen. Dann wendet man die eine oder andere der oben beschriebenen Methoden an, um diese Auswahl zu bestätigen.

Bei schwerwiegenden physischen oder psychologischen Problemen ist es überaus wichtig, sich professionelle Hilfe zu suchen. Ein erfahrener Therapeut nimmt gewöhnlich eine ausführliche Anamnese der medizinischen und physischen Einzelheiten auf (u. a. Verdauungsprobleme, Kreislaufprobleme, Schlaf- und Atembeschwerden, Blutdruck) sowie der Charaktereigenschaften, der Lebensweise, der Belastungen zu Hause und bei der Arbeit, der vorherrschenden Gefühle (wie Wut, Kummer, Depression, Traurigkeit und Angst), der persönlichen Ziele, Ausrichtung und Motivation, der Selbstachtung und so weiter. Ein Therapeut kann auch Unterstützung und Hilfe geben, wenn die Essenzen schmerzhafte Gefühle an die Oberfläche bringen oder uns vor schwierige Entscheidungen stellen.

Die Anwendung der Blütenessenzen

Die Blütenessenzen werden normalerweise tropfenweise eingenommen. Wie homöopathische Mittel werden sie durch die Schleimhäute des Mundes absorbiert. Ich empfehle in der Regel, zwei Wochen lang dreimal täglich sieben Tropfen unter die Zunge zu geben. Bei manchen Essenzen oder Essenzkombinationen ist nur eine einzige Dosis nötig. Bei einem Trauma oder bei akuten Schmerzen kann dagegen ein Mittel wie *Erste Hilfe* auch alle 15 Minuten genommen werden, bis die Symptome abklingen.

Man kann Blütenessenzen aber auch anders verwenden, etwa indem man sie direkt auf die Haut aufträgt oder einer guten Hautcreme beifügt. Man kann auch ein paar Tropfen Essenz ins Badewasser geben. Ebenso können sie in die Luft gesprüht oder in einer sauberen Aromalampe verdampft werden.

Die Dosierung

Ich verwende und verschreibe Essenzen fast immer in der Einnahmeverdünnung. Abgesehen von der höheren Wirtschaftlichkeit (ein 15-ml-Konzentratfläschchen ergibt etwa 30 Einnahmefläschchen) entspricht das auch dem homöopathischen Prinzip, daß das Heilmittel um so wirksamer ist, je stärker die Verdünnung.

Um die Einnahmelösung aus dem Konzentrat herzustellen, nimmt man ein sauberes 25-ml-Fläschchen und füllt es zu drei Vierteln mit reinem Wasser und zu einem Viertel mit Branntwein oder reinem Alkohol. Dazu fügt man sieben Tropfen Konzentrat.

Die Herstellung von Blütenessenzen

Die beste Methode für die Herstellung von Blütenessenzen ist durch einen Auszug mit Hilfe des Sonnenlichts. Blüten enthalten die höchste Konzentration der Lebenskraft einer Pflanze, und die Essenz ist ein ätherischer oder Schwingungsauszug, wobei das Wasser mit der Lebenskraft der Blume aufgeladen wird. Dadurch wird der ›Schwingungs-Abdruck‹ der Blüte in das Wasser übertragen.

Es ist bei der Herstellung von Essenzen wichtig, daß sich die Blüten in bestem Zustand befinden und von Pflanzen stammen, die in keiner Weise verunreinigt sind. Die Blüten werden am besten mit einem Blatt gesammelt, damit man sie nicht berührt, und in eine Glasschale mit reinem Wasser gegeben. Die gesamte Wasseroberfläche sollte mit Blüten bedeckt sein. Dann wird die Schüssel für eine gewisse Zeit (in Schottland vier Stunden) in die Sonne gestellt. Anschließend wird die reine Essenz gewonnen, indem man die Blüten von der Ursprungsessenz abseiht und diese zur Hälfte mit Alkohol versetzt, der als Konservierungsmittel dient. Das ist die Basisessenz, aus der durch mehrfaches Verdünnen die direkt verwendbaren Einnahmefläschchen hergestellt werden.

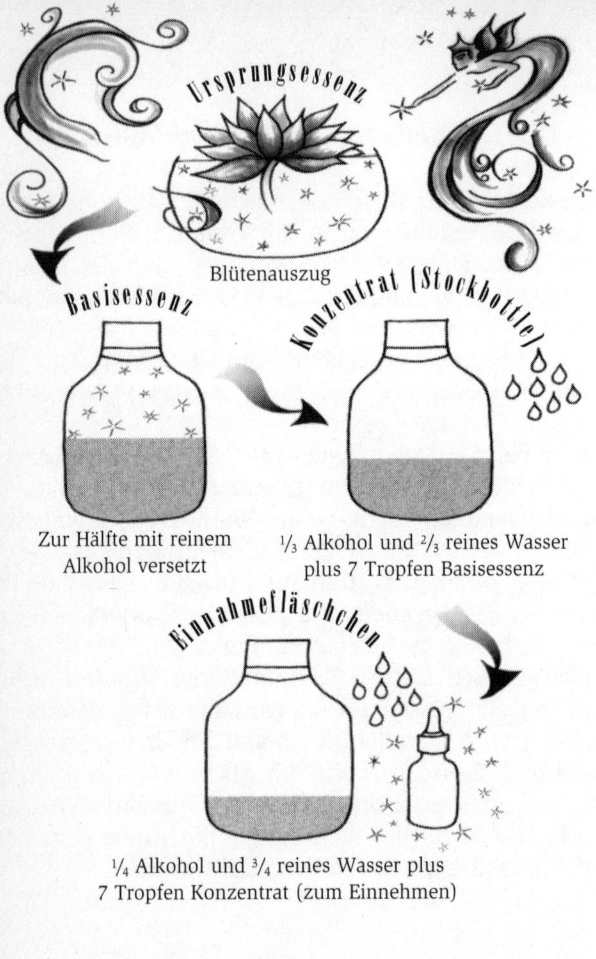

Die Aufbewahrung der Blütenessenzen

Um die Wirksamkeit der Blütenessenzen zu erhalten, bewahrt man sie vor Licht, Wärme, Duftstoffen, Chemikalien und Aromastoffen geschützt auf.

Teil II

Die Blütenessenzen

Übersicht

- Apfel
- Baldrian
- Bergahorn
- Besenginster
- Birke
- Brunnenkresse
- Eberesche
- Frauenmantel
- Gänseblümchen
- Gänsefingerkraut
- Gauklerblume
- Glockenblume
- Grasnelke
- Grauheide
- Haselnuß
- Holunder
- Kiefer
- Knabenkraut
- Kratzdistel
- Kuckucksblume
- Kugeldistel
- Linde
- Lorbeerkirsche
- Malve
- Mauerpfeffer
- Meersenf
- Nabelkraut
- Schneeglöckchen
- Schottische Schlüsselblume
- Seerose
- Springkraut
- Stechginster
- Stiefmütterchen
- Sumpfherzblatt
- Weidenröschen
- Weißdorn
- Weiße Rose

Apfel

(Malus sylvestris)

❀ ***Leitmotive:*** HÖHERER ZWECK und GUTER WILLE

Die Essenz des Apfels hilft uns, unsere Wünsche und unsere Willenskraft miteinander zu verbinden, um unsere Ziele und Visionen auf positive Weise zu verwirklichen. Wenn wir uns an einem höheren oder göttlichen Willen ausrichten, können wir diese starke Energie in rechtes Handeln umsetzen.

❀ ***Eigenschaften:***

Entwicklung und richtige Nutzung des Willens, um Hindernisse aus dem Weg zu räumen; innere Kraft, um Trägheit zu überwinden; Selbstdisziplin; Demut; Unterwerfung unter einen höheren Willen, so daß niedere Begierden in Liebe verwandelt werden und ein selbstsüchtiger Wille in den Wunsch zu dienen.

❀ ***Indikationen:***

Schwierigkeiten, die inneren Stärken und Fähigkeiten zu leben; Unfähigkeit, Selbstdisziplin zu üben; Macht und Überlegenheit üben starke Verlockung aus; mangelnde Handlungsfähigkeit und schwaches Selbstbewußtsein; Ausleben niederer Triebe; mangelndes sexuelles Gleichgewicht; Mangel an kreativen sexuellen Kräften.

Der Apfel erleichtert den Kontakt zu höheren Zielen und befreit uns von den Fesseln der persönlichen Begierde. Er befähigt uns, unseren Willen für das große Ganze einzusetzen und ihm zu dienen.

Affirmation:

Ich richte mich an einem höheren Zweck aus und setze mich zum Wohle aller ein.

Baldrian

(Valeriana officinalis)

❀ *Leitmotive:* HUMOR und FREUDE

Baldrian-Essenz hebt die Stimmung und hilft, Freude und Glück im Leben wiederzufinden. Sie hilft auch, im Frieden mit sich selbst zu sein und sich selbst nicht so wichtig zu nehmen.

❀ ***Eigenschaften:***

Das Leben mit ganzem Herzen erfahren; Zufriedenheit, Sensibilität; Empfindsamkeit; offen für Eindrücke; die Fähigkeit, über sich selbst zu lachen; Vergnügen, Glück und Daseinsfreude; freudige Dankbarkeit; wahre Wertschätzung; Spontaneität.

❀ ***Indikationen:***

Übermäßiges Verantwortungsgefühl; zu große Ernsthaftigkeit; Überbewertung von Fleiß und Arbeit; Hast und Sorgen; übersteigerter Ehrgeiz; Streß und Spannungen; wenn man zu sehr mit den eigenen Problemen beschäftigt ist; Strenge sowie Mangel an Humor und Lebensfreude.

Baldrian-Essenz schenkt Auftrieb für Geist, Körper und Seele. Wenn wir im hektischen Alltag zu sehr von unserer Verantwortung belastet werden, entgehen uns leicht die einfachen und flüchtigen Freuden des Lebens, die uns Trost und Glück bringen. Mit Baldrian-Essenz sind wir empfänglicher für den Augenblick, fühlen uns leichter und haben mehr Freude.

Affirmation:

Ich bin froh und glücklich, am Leben zu sein, und gehe meinen spirituellen Weg mit Leichtigkeit und Humor.

Bergahorn

(Acer pseudoplatanus)

❀ ***Leitmotive:*** WEICHHEIT und BELEBUNG
Bergahorn-Essenz belebt Körper und Seele, wenn wir unter starken Belastungen stehen, und erlaubt das Auftauchen einer sanften, aber gleichzeitig starken neuen Energie.

❀ ***Eigenschaften:***
Die Fähigkeit, sich an innere Kraftreserven anzuschließen; Geduld, Beständigkeit, Ausdauer und Hartnäckigkeit; standhaftes Bemühen; Wiederherstellung eines sanften und ungehinderten Energieflusses; Auflösung von Belastungen, Konflikten und Ängsten; die Fähigkeit, Grenzen zu setzen; Ermutigung angesichts von Herausforderungen, Prüfungen und Versuchungen; Begeisterung; Weichheit und Offenheit; die Fähigkeit, auch unter Streß flexibel und widerstandsfähig zu bleiben.

❀ ***Indikationen:***
Starke Erschöpfung und Müdigkeit; wenn man über einen längeren Zeitraum hinweg durch Anstrengungen ausgelaugt ist und sich bis an die Grenzen beansprucht fühlt; Energiemangel; drohender Zusammenbruch; spirituell schwierige Phasen; Streß, schlechte Einflüsse und negative Umwelteinwirkungen; wenn einem das Herz schwer ist.

Wenn wir durch Anstrengungen oder Belastungen stark beansprucht werden, sinkt unser Energiepegel. Bergahorn-Essenz hilft uns, die grenzenlose Energiequelle des inneren Lichts und der inneren Lebenskraft zu finden, die unser gesamtes Wesen zum Strahlen bringt

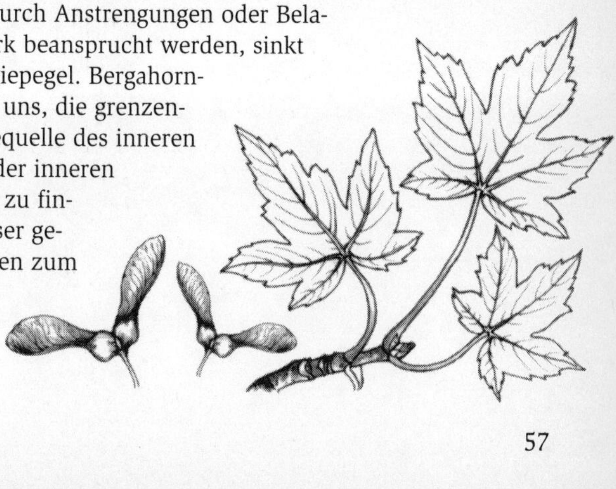

und uns wieder auflädt. Wir können dann in uns selbst und im Leben erneut den ungehinderten Fluß der Energien spüren.

Affirmation:
Ich genieße den ungehinderten, sanften Fluß der Energien in mir selbst und in meinem Leben.

Besenginster

(Cytisus scoparius)

❀ ***Leitmotive:*** KLARHEIT und ERLEUCHTUNG

Besenginster-Essenz unterstützt die geistige Klarheit und Konzentration, erleichtert die Kommunikation und ermöglicht geistige Kreativität, wenn man sich in einem Zustand der Verwirrung befindet.

❀ ***Eigenschaften:***

Geistige Klarheit; Konzentration; Kommunikation; Integration; Entscheidungsfreude; Selbstausdruck; Führung, Intuition; geistige Kreativität.

❀ ***Indikationen:***

Gedächtnisverlust; geistige Verwirrung, Abstumpfung oder Unklarheit; Mangel an Integration, Koordination oder Kommunikation.

Besenginster bringt Licht in den mentalen Bereich. Wenn unser Verstand umwölkt, verdüstert und unklar ist oder wir abgelenkt sind, sind unsere Kommunikation und unser Selbstausdruck gestört. Besenginster-Essenz ermöglicht dem Licht der Intuition, unseren Verstand zu erleuchten und uns zu inspirieren. Sie unterstützt uns dabei, kreative Gedanken nach außen umzusetzen.

Affirmation:

Mein Verstand ist klar. Ich kommuniziere meine Gedanken und Ideen mit Leichtigkeit.

Birke

(Betula pendula)

❀ *Leitmotive:* WAHRNEHMUNG und VISION

Birken-Essenz hilft, unsere Wahrnehmung zu erweitern und Grenzen im Denken zu überschreiten. Wenn wir unser Bewußtsein erweitern und unsere kosmischen Verbindungen erkennen, gelangen wir zu tiefem Verstehen und Seelenfrieden.

❀ ***Eigenschaften:***

Klärt das Denken, erweitert das Bewußtsein in kosmische Dimensionen hinein; ermöglicht Kontakt mit dem universalen Bewußtsein; direkte Erfahrung des Unendlichen im Hier und Jetzt; vertieftes Bewußtsein; Erkennen der Lehren in allen Lebenserfahrungen; spirituelle Vision; schenkt eine zentrierte und intuitive Haltung und die Fähigkeit, die innere Vision zu erkennen und sich danach auszurichten.

❀ ***Indikationen:***

Unklare oder verstellte Sicht; gefangen in negativen und bremsenden Gedankenmustern; Unfähigkeit, über sich selbst und die eigenen Sorgen hinauszublicken; Sorgen; übermäßige Introspektion; Abgestumpftheit; Leben in der Vergangenheit oder in der Zukunft; Wirklichkeitsflucht, Tagträumerei, außerkörperliche Zustände, ›blinde Flecken‹; Unfähigkeit, aus Fehlern zu lernen; geistige Verwirrung.

Birken-Essenz ermöglicht ein Verständnis für die Ursachen unserer Lebensumstände und Probleme. Wenn wir uns mit dem niederen Selbst, mit Konflikten oder bestimmten Verhaltensweisen identifizieren, kann das die Art und Weise beeinflussen, wie wir uns selbst und die Welt sehen, und so unser höchstes Streben begrenzen. Birken-Essenz befreit unsere Vorstellungskraft und gibt uns Hoffnung für die Zukunft.

Affirmation:

Ich öffne meinen Geist neuen Wegen und neuem Verständnis.

Brunnen-kresse

(Nasturtium officinale)

❀ *Leitmotive:*
WOHLBEFINDEN
und HEILIGUNG

Brunnenkresse-Essenz schenkt dem Körper eine reinigende Schwingung. Sie kann stark klärend wirken, das Immunsystem anregen, blockierte Energien ins Fließen bringen und dadurch helfen, Krankheiten zu überwinden.

❀ *Eigenschaften:*
Reinigung für einen selbst und die Umwelt; Wiederherstellung von Ruhe, Frieden und Gelassenheit; kühlt den feurigen Astralleib; Klärung, Reinigung, Ausräumung, Säuberung; strahlend gute Gesundheit; Anregung und Stärkung des Immunsystems; verbessert die Widerstandskraft gegen Krankheiten durch Achtsamkeit, Gewissenhaftigkeit und Hygiene; erleichtert Veränderungsprozesse; hilft, aus Lebenssituationen wie auch aus der Nahrung das Wertvolle zu extrahieren; Reinigung und Verwandlung von Abfallstoffen; Reinigung des Körpers von Schlacken; wirkt antiseptisch, desinfizierend und entzündungshemmend.

❀ *Indikationen:*
Krankheit aufgrund von ungesunden oder unhygienischen Bedingungen in der Lebensweise oder der Umwelt; Achtlosigkeit oder Vernachlässigung von Gesundheit und Wohlbefinden; Schadstoffe in der Umwelt; Vergiftung durch Verschmutzung; Anfälligkeit gegenüber Krankheiten, Immunschwäche oder sonstige körperliche Schwächung; Fieber, Delirium, Panik; cholerisches Temperament; Entzündungen.

Auf unserem Weg durchs Leben sammelt der Körper Giftstoffe an, die von blockierten Emotionen, unserer Lebensweise und der Umweltverschmutzung herrühren. Wir fühlen uns möglicherweise schwer und träge oder werden krank. Brunnenkresse-Essenz hilft uns, unseren Körper zu reinigen, zu klären und umzuwandeln, so daß die Reinheit des Körpers das Licht und die Wahrheit der Seele spiegeln kann.

Affirmation:
Ich reinige meinen Körper und kläre meine Seele.

Eberesche

(Sorbus aucuparia)

❀ ***Leitmotive:***
VERGEBUNG und VERSÖHNUNG

Ebereschen-Essenz hilft uns, alten Groll loszulassen und alte Wunden zu heilen. Wenn wir lernen, uns und anderen zu verzeihen, können wir die Vergangenheit heilen.

❀ ***Eigenschaften:***
Fähigkeit, sich selbst und anderen zu vergeben sowie aus vergangenen Erfahrungen zu lernen; Auflösung von Karma; erschafft Harmonie aus Konflikt; setzt angestaute Spannungen und Schmerzen frei; Begegnung mit tief unterdrückten Gefühlen.

❀ ***Indikationen:***
Anklammern an alte Verhaltensmuster; Selbstgerechtigkeit, Selbstmitleid, Scham, Trotz, Groll; selbstzerstörerisches Verhalten; Vermeidungsstrategien; Unfähigkeit, nachzugeben und loszulassen.

Ebereschen-Essenz löst unsere Verhaftung an gewohnheitsmäßige, ererbte oder karmisch erworbene Gefühls- und Gedankenmuster. Wenn wir aus den Lektionen der Vergangenheit lernen, können wir dieselben Fehler beim nächsten Mal vermeiden, uns mit uns selbst und der Welt versöhnen und authentisch und in Übereinstimmung mit unserem Inneren leben. Die Eberesche öffnet uns für eine höhere Dimension des Seins und gibt uns die Kraft, uns bedingungsloser, heilender Liebe hinzugeben.

Affirmation:
Ich vergebe mir selbst und anderen und gebe mich bedingungsloser, heilender Liebe hin.

Frauenmantel

(Alchemilla vulgaris)

❀ *Leitmotive:* BEWUSSTHEIT und ALLWISSENHEIT

Frauenmantel-Essenz ermöglicht uns den Zugang zu dem unendlichen Wissen und der Weisheit, die im Unbewußten zur Verfügung stehen. Aus der Vereinigung von unbewußtem und bewußtem Wissen entsteht tiefere Bewußtheit.

❀ ***Eigenschaften:***

Bringt das Licht des Bewußtseins in das Unbewußte; vermittelt Zugang zu allwissender, grenzenloser Weisheit; Integration des Seelischen mit der gewöhnlichen Realität; Vertrauen in das innere Wissen des wahren Selbst; Empfänglichkeit für spirituelle Weisheit durch Träume und das Reich der Archetypen; Deutung von Symbolen aus dem Unbewußten; Koordination des rationalen und abstrakten Denkens; Verständnis, Empfänglichkeit, Beobachtungsgabe, Achtsamkeit, Kommunikation.

❀ ***Indikationen:***

Begrenzung des Bewußtseins auf den rationalen Verstand; Mangel an Vorstellungskraft und Vision; mangelnde Sensibilität gegenüber der inneren Gefühlswelt; kurze Konzentrationsspanne, geringe Aufmerksamkeit; Schreib- oder Leseschwäche; Ignoranz, Apathie, Gedankenlosigkeit, Achtlosigkeit, Tagträumereien; Leidenschaftslosigkeit, mangelnde Reaktionsfähigkeit, Zurückhaltung, Konservatismus, Skeptizismus; Überreaktionen; Projektion eigener Probleme nach außen.

Wenn wir unfähig oder nicht gewillt sind, die unbewußte Seite unseres Selbst zu akzeptieren, bleiben unser Bewußtsein und unser Verständnis eingeschränkt. Frauenmantel-Essenz erleichtert die Verschmelzung von äußerem und innerem Weg, damit wir die Einheit und Ganzheit erleben können, die wir suchen, und unsere angeborene innere Weisheit an die Oberfläche kommt.

Affirmation:
Ich finde in mir alle Weisheit und Bewußtheit, die ich brauche.

Gänseblümchen

(Bellis perennis)

❀ *Leitmotive:* UNSCHULD und ANMUT

Gänseblümchen-Essenz ermöglicht uns, in einer hektischen Umgebung oder einer überwältigenden Situation gelassen und zentriert zu bleiben und einen sicheren Raum zu schaffen, in dem wir uns verletzlich zeigen können.

❀ ***Eigenschaften:***

Gelassenheit und Zentriertheit inmitten intensiver Aktivität; Präsenz; zielgerichtet sein und bleiben; Schutz; Genußfähigkeit; Wiederentdeckung von Unschuld, Verspieltheit, Leichtigkeit.

❀ ***Indikationen:***

Angst, die Kontrolle zu verlieren und von außen überwältigt zu werden; Ablenkungen, Verwirrung; Inkonsequenz, inneres Schwanken, Unentschiedenheit; Gleichgültigkeit; ›Kopf in den Wolken‹; Überempfindlichkeit.

Das Gänseblümchen hilft uns, in unserem hektischen Alltagsleben unsere Unschuld, Verletzlichkeit und Sensibilität zu bewahren, wenn wir fürchten, das ruhige Zentrum mitten im Sturm zu verlieren. Gänseblümchen-Essenz hilft uns, zielgerichtet und auf Kurs zu bleiben, und gibt uns dabei starken Schutz.

Affirmation:

Ich bin ruhig und zentriert und fühle mich in meiner Welt sicher.

Gänsefingerkraut

(Potentilla anserina)

❀ ***Leitmotive:*** SCHLICHTHEIT und SELBSTVERWIRKLICHUNG

Gänsefingerkraut-Essenz hilft uns, uns von der übermäßigen Beschäftigung mit materiellen Belangen und von Ausschweifungen zu lösen, denn sie fördert Mäßigung und Selbsterkenntnis.

❀ ***Eigenschaften:***

Erwachen der Spiritualität; Durchbruch zu Selbsterkenntnis; Integrität, Selbstdisziplin; Freude an den einfachen Dingen des Lebens, Rückkehr zur Natur; Mäßigung, Frugalität, Demut.

❀ ***Indikationen:***

Kleinlichkeit, Pedanterie, Engstirnigkeit; mangelnder Kontakt zur Seele und zum höheren Selbst; Ausschweifungen, Gier, Anmaßung.

Das Gänsefingerkraut spricht von der Notwendigkeit, leichtfüßig über die Erde zu gehen. Es ist nützlich in Zeiten, wenn wir uns zu sehr um materielle Dinge sorgen und den höheren Sinn des Lebens aus den Augen verlieren. Es erlaubt uns, zu den Grundlagen, zu den einfachen Dingen zurückzukehren. Es gibt uns Erdverbundenheit durch engen Kontakt mit den Kräften der Natur und ermöglicht uns, aus dieser Erdung heraus zu höheren spirituellen Ebenen zu gelangen.

Affirmation:

Ich gehe leichtfüßig über die Erde und schätze alle Gaben der Natur.

Gauklerblume

(Mimulus guttatus)

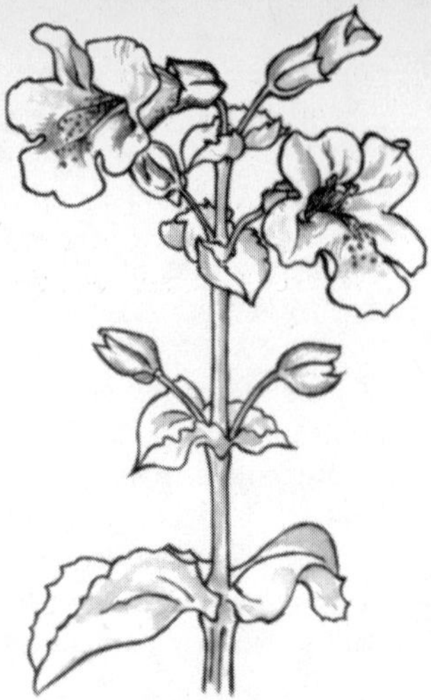

❀ ***Leitmotive:*** PERSÖNLICHE KRAFT und SEELENTIEFE

Die Gauklerblumen-Essenz hilft, die Schwingungsenergie von der persönlichen Ebene zu heben und sie mit der Seele zu verbinden. Sie schenkt uns die Kraft, die Einzigartigkeit unserer Erfahrungen und Eigenschaften zu erkennen und zu nutzen, um zu sein, wer wir wirklich sind.

❀ ***Eigenschaften:***

Wissen um die eigene Kraft; Verbindung mit der Seele, die Stärke im persönlichen Ausdruck ermöglicht; Verschmelzung von Seele und Persönlichkeit; die strahlende Kraft des Selbst; die Einzigartigkeit unseres persönlichen Wesens; Handeln aus Stärke mit individuellem Ziel und innerer Überzeugung; Kühnheit und Charakterstärke; Selbstsicherheit, Selbstbewußtsein, Selbstverwirklichung; Furchtlosigkeit im Umgang mit Feedback und Kritik von außen; Fähigkeit, klare Grenzen zu setzen.

❀ ***Indikationen:***

Unfähigkeit, die eigene Wahrheit auszudrücken und danach zu handeln; Furchtsamkeit, Nervosität, Angst; Nachgiebigkeit, zu große Gefälligkeit, ständiges Sich-Entschuldigen; Angst, von anderen ausgebeutet oder beherrscht zu werden; Abhängigkeitsmuster; Angst vor Mißbilligung, Vorwürfen, Kritik, Lächerlichkeit, Demütigung; Angst vor der Ablehnung oder dem Ärger anderer; Schwierigkeiten, nein zu sagen.

Manchmal zögern wir, zu unserer Kraft zu stehen, weil wir Angst vor Vorwürfen haben oder glauben, daß wir dabei aus niederen Gründen und aus dem Ego heraus handeln. Die Gauklerblumen-Essenz hilft uns, unsere innere Führung zu erkennen, darauf zu vertrauen und die Kraft und den Mut zu finden, danach zu handeln.

Affirmation:
Ich schätze mich, wie ich bin. Meine Einzigartigkeit und meine Wahrheit dienen dem Ganzen.

Glockenblume

(Campanula rotundifolia)

❀ *Leitmotive:* REICHTUM und VERTRAUEN

Glockenblumen-Essenz unterstützt dabei, sich mit dem Geist des Überflusses zu verbinden und sich von materiellen Sorgen zu befreien, die aus Angst vor Mangel entstanden sind.

❀ ***Eigenschaften:***

Überfluß und Reichtum; Neuausrichtung, Bestärkung; Gleichgewicht, Ausgewogenheit; Selbstvertrauen, Selbstgenügsamkeit.

❀ ***Indikationen:***

Angst vor Mangel; Armut; Gier, Geiz, besitzergreifende Gefühle; Mangel an Glauben; Unfähigkeit, loszulassen; wenn man sich ohne Kontakt zu sich selbst und der Umwelt fühlt.

Bei der Glockenblume geht es um die innere Verbindung zur Seele. Wenn wir den Glauben an uns selbst verlieren, blockieren wir in der Regel den Strom der spirituellen Energien. Angst vor Mangel kann Gier und Geiz erzeugen und den freien Fluß unserer Energie im Geben und Empfangen behindern. Glockenblumen-Essenz öffnet unser Bewußtsein für alles, was das Leben zu bieten hat, und ermöglicht uns, es in Dankbarkeit anzunehmen.

Affirmation:

Ich verbinde mich mit dem Geist der Fülle und vertraue darauf, daß alle meine Bedürfnisse erfüllt werden.

Grasnelke

(Armeria maritima)

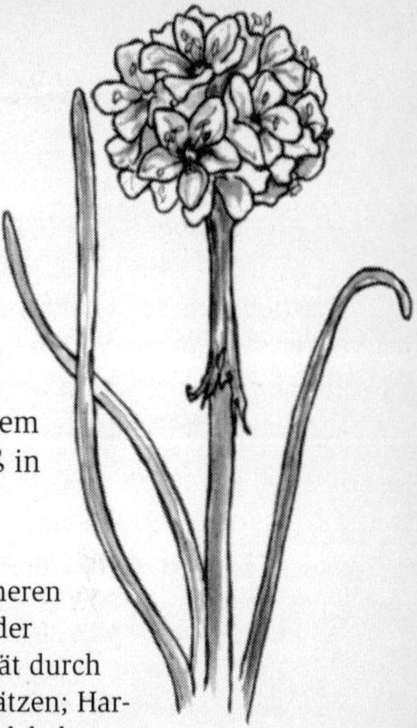

❀ *Leitmotive:* HARMONIE und EINHEIT

Die Essenz der Grasnelke richtet unser Sein auf den Geist aus und läßt es von ihm durchdringen. Die Verschmelzung unserer Lebenskraft mit dem göttlichen Willen hilft, den Energiefluß in allen Chakren auszugleichen.

❀ ***Eigenschaften:***

Heilt die Spaltung zwischen dem höheren und dem niederen Selbst, zwischen der Seele und der Persönlichkeit; Stabilität durch Gleichgewicht zwischen den Gegensätzen; Harmonisierung von Kronen- und Wurzelchakra, von Geist und Materie; Erwachen der Kundalini-Kraft; Lebenswille; magnetische Kraft, die Seele und Persönlichkeit in einer funktionierenden Beziehung verbindet.

❀ ***Indikationen:***

Blockaden im Energiesystem des Körpers; Überbeanspruchung, Ausgebranntsein; Schwanken zwischen den Gegensätzen; Versklavung an die Begierden des niederen Selbst; Hunger nach anregenden Erlebnissen; unangemessene Anregung der Kundalini-Kraft; Persönlichkeitsspaltungen; fundamentale Probleme in der Beziehung zwischen Geist und Materie.

Grasnelken-Essenz hilft, die Blockaden aufzulösen, die den harmonischen Fluß der Lebensenergie behindern. Wenn wir uns vom höheren Selbst abgespalten fühlen, hilft die Grasnelke, dieses Hindernis auszuräumen. Durch die Neuausrichtung der Lebens- und Bewußtseinsströme unterstützt sie die Vereinigung der Gegensätze in uns und ermöglicht uns, dem ›Weg der Mitte‹ zu folgen.

Affirmation:

Ich vereinige alle Energien in meinem Wesen und heiße Ausgewogenheit und Harmonie willkommen.

Grauheide

(Erica cinerea)

❀ ***Leitmotive:*** STABILITÄT und SELBSTVERTRAUEN

Grauheide-Essenz hilft uns, Zugang zu unserer inneren Kraft zu finden und uns nach Streß, Traumata oder Konflikten mit innerer Entschlossenheit zu behaupten.

❀ ***Eigenschaften:***

Durchhaltevermögen, Zähigkeit; Vertrauen in das eigene innere Wissen; Glauben an sich selbst; Eintreten für sich selbst, resolute Entschlossenheit in Haltung und Ziel; Selbstsicherheit; dem eigenen Weg voll Selbstvertrauen folgen; Widerstandsfähigkeit; Selbstheilung.

❀ ***Indikationen:***

Mangelnder Glaube an sich selbst, mangelnde Selbstsicherheit; starke Stimmungsschwankungen; starke Beeinflußbarkeit; Gefühl, ein Opfer der Umstände zu sein; Mangel an Richtung und Ziel; Zerbrechlichkeit.

Die Grauheide wirkt stabilisierend. Sie ermöglicht Konsolidierung und gibt die Kraft, sich zu behaupten und gleichzeitig flexibel zu sein. Nach Rückschlägen, Enttäuschungen und Unglücksfällen kann Grauheide-Essenz helfen, Vertrauen und den Glauben an sich selbst wiederzufinden.

Affirmation:

Ich ruhe stark und sicher in meinem inneren Sein. Ich habe Glauben und Vertrauen in mich selbst.

Haselnuß

(Corylus avellana)

❀ *Leitmotive:* BEFREIUNG und FREIHEIT

Haselnuß-Essenz kann uns helfen, mit dem Strom des Lebens zu fließen. Wenn man alles losläßt, was das eigene Wachstum und die Entwicklung und Entfaltung des eigenen Potentials behindert, entdeckt man die Freude und das Glück, sich der Reise ins Unbekannte hinzugeben.

❀ ***Eigenschaften:***

Mit dem Strom schwimmen und dem Lebensfluß vertrauen; Vertrauen in den eigenen Lebensweg und das Schicksal; Entfaltung und Verwirklichung des eigenen Lebenssinns und Potentials; Ausdauer bei der Verfolgung der eigenen Ziele; Motivation und Durchhaltevermögen; Bewegungs- und Handlungsfreiheit; Überzeugung, daß Hindernisse überwunden werden können; freudige Befreiung und Hingabe.

❀ ***Indikationen:***

Unvermögen, die eigenen Ziele und Pläne zu verwirklichen; Mangel an Durchhaltevermögen; Zaudern und Zögern; wenn man den Fluß des eigenen Lebens zu sehr bestimmen will; Unfähigkeit, sich von alten Bindungen zu lösen; Bindung an die Vergangenheit; selbst auferlegte Beschränkungen; Versagensängste; Angst, sich vorzuwagen, Fehler zu machen, zu scheitern; Entmutigung, Enttäuschung, Unzufriedenheit, Frustration; Erregung, ziellose Unruhe.

Wir setzen oft beträchtliche Mühe und Energie daran, die Richtung und den Fluß unseres Lebens zu kontrollieren, indem wir uns an Dinge klammern, die uns nichts mehr nützen, oder an einschränkenden Glaubenssätzen festhalten. Haselnuß-Essenz bringt uns in die Gegenwart und löst die Bande, die uns an die

Vergangenheit fesseln. Wir schreiten in Staunen und Freude über alles Neue voran, vertrauen auf die Kraft der ewigen Bewegung und lassen das Leben frei seinen Lauf nehmen.

Affirmation:
Ich schreite voll Freude und Staunen im Leben voran.

Holunder

(Sambucus nigra)

❀ ***Leitmotive:*** SCHÖNHEIT
und VERJÜNGUNG

Holunder-Essenz regt die natürlichen Kräfte des Körpers zur Regeneration und Erneuerung an. Sie hilft uns, die Schönheit und Freude unserer ewigen inneren Jugend in uns zu finden und auszustrahlen.

❀ ***Eigenschaften:***

Weckt die regenerativen Kräfte des Körpers; Begeisterung; Jugendlichkeit; Selbst-Akzeptanz; Verstehen und Annehmen des Alterungsprozesses; Energetisierung auf Zellebene durch verstärkten Fluß der pranischen Energie; verstärkte Ausstrahlung des inneren Selbst und die Strahlkraft innerer Schönheit; liebevolle Beziehung zum physischen Körper.

❀ ***Indikationen:***

Gefühle von Wertlosigkeit oder Befangenheit; Ablehnung für sich selbst oder den eigenen Körper; wenn man sich häßlich, dick, schwerfällig oder alt fühlt; Überidentifikation mit dem eigenen Image; Unterdrückung oder Verdrängung von Persönlichkeitsaspekten; Verbergen des wahren Selbst; Mangel an persönlicher Vitalität und Lebenskraft.

Holunder-Essenz ermöglicht es den regenerierenden Sonnenkräften, unseren Körper stärker zu durchdringen und die Energiezentren oder Chakren zu beleben. Dadurch entsteht ein Gefühl von Wohlbefinden, und die innere Schönheit kann sich entfalten.

Affirmation:

Ich fühle mich erneuert und belebt. Ich strahle die Schönheit und Freude meines Wohlbefindens aus.

Kiefer

(Pinus sylvestris)

❀ ***Leitmotive:*** WEISHEIT und WAHRHEIT

Kiefer-Essenz zeigt uns die Richtung bei unserer Suche nach Antworten. Wenn wir uns innerlich öffnen, erhalten wir Führung von unserem weisen Selbst und den inneren Lehrern.

❀ ***Eigenschaften:***

Wahres Zuhören; Vertrauen auf die innere Weisheit und Intuition; innere spirituelle Führung; Offenheit gegenüber der uralten Weisheit in einem selbst und in der Natur.

❀ ***Indikationen:***

Mangelndes Vertrauen in die innere Weisheit und Intuition; Blockaden im inneren und äußeren Hörvermögen; Widerstände gegen die Wahrheit; zu starke Abhängigkeit von äußeren Urteilen; Unentschlossenheit.

Kiefer-Essenz hilft uns, die Kanäle für die innere Wahrnehmung zu reinigen. In der Stille, im Suchen und Fragen können wir unsere eigene innere Quelle der Weisheit finden. Dann ist die Wahrheit klar und deutlich zu erkennen.

Affirmation:

Ich bin offen und empfänglich für die Wahrheit und Weisheit in meinem eigenen Selbst.

Knabenkraut

(Dactylorhiza maculata fuchsii)

❀ ***Leitmotive:***
VOLLKOMMENHEIT und
KREATIVER AUSDRUCK
Knabenkraut-Essenz befähigt uns, Pessimismus und Egozentrik zu überwinden und das Beste in allem und jedem zu sehen.

❀ ***Eigenschaften:***
Selbstausdruck und Kreativität; eine positive Lebenseinstellung; Inspiration; Fähigkeit, die Schönheit im Leben zu sehen.

❀ ***Indikationen:***
Zynismus, Pessimismus; Egozentrik, Unfähigkeit, über sich selbst und die persönlichen Umstände hinauszublicken; Nostalgie und Steckenbleiben in der Vergangenheit.

Wenn wir uns zu stark auf uns selbst und unsere Arbeit konzentrieren, wird unsere Vision begrenzt, und unsere Einstellung zum Leben spiegelt dann diese Begrenztheit. Wenn wir uns auf das Negative und Häßliche im Leben konzentrieren, entstehen Desillusionierung und Pessimismus. Knabenkraut-Essenz ermöglicht es uns, die Schönheit und Vollkommenheit in allem zu sehen, und spiegelt damit die Schönheit und Vollkommenheit unseres wahren Selbst. Dann sind wir in der Lage, dies kreativ auszudrücken.

Affirmation:
Ich sehe das Beste in allem und jedem.

Kratzdistel

(Cirsium vulgare)

❀ ***Leitmotive:*** MUT und SEELENSTÄRKE
Distel-Essenz hilft uns, in schwierigen Zeiten wahren Mut zu finden und positiv zu reagieren.

❀ ***Eigenschaften:***
Tapferkeit und Stärke angesichts großer Schwierigkeiten und Herausforderungen; Kraft; selbstbewußte Tatkraft; Seelenstärke.

❀ ***Indikationen:***
Angst, Erschrecken und Starre angesichts einer Gefahr; Machtlosigkeit; Bedrohungen und erschreckende Situationen; ›Flüchten-oder-Standhalten‹-Syndrom.

Wenn wir Angst haben, können wir kaum noch etwas zustande bringen. Distel-Essenz ermutigt uns, uns auf unsere innere Kraft zu besinnen und angemessen, selbstbewußt und sicher zu handeln.

Affirmation:
Ich habe den Mut und die Kraft, zu meiner Wahrheit zu stehen. Ich handle voller Sicherheit und Selbstvertrauen.

Kuckucksblume

(Lychnis flos-cuculi)

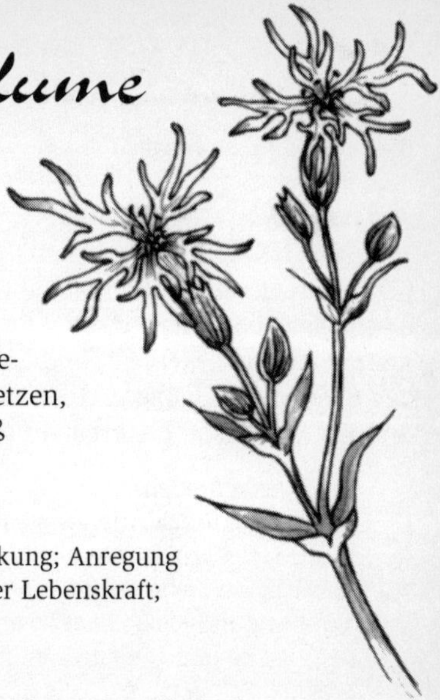

❀ **Leitmotive**:
REINHEIT und INNERE REINIGUNG
Kuckucksblumen-Essenz hilft, auf allen Ebenen Blockaden, Behinderungen und Gifte freizusetzen, und ermöglicht den freien Fluß von Lebenskraft und Energie.

❀ ***Eigenschaften:***
Innere Reinigung; Entschlackung; Anregung des Kreislaufs; freier Fluß der Lebenskraft; Gesundheit.

❀ ***Indikationen:***
Verstopfung; Vergiftung; Behinderung; Blockaden, unreine Lebensweise; seelische, geistige und spirituelle Hemmungen.

Unreinheiten in uns selbst und in unserer Umwelt erzeugen Giftstoffe sowie Hemmungen und Behinderungen des Lebensflusses und der Energie. Kuckucksblumen-Essenz hilft uns, die Kanäle zu säubern und uns auf allen Ebenen zu reinigen.

Affirmation:
Ich reinige mich selbst und meine Kanäle. Meine Energien fließen frei, und ich bin wieder heil und gesund.

Kugeldistel

(Echinops sphaerocephalus)

❀ ***Leitmotive:*** EINHEIT und GANZHEIT

Kugeldistel-Essenz hilft uns, die Ordnung des Lebens und unseren Evolutionsprozeß zu erkennen, und ermöglicht uns dadurch, freiwillig und freudig Opfer zu bringen, die uns in die Freiheit führen.

❀ ***Eigenschaften:***

Gesundheit durch Ausgewogenheit; Zentriertheit; Mäßigkeit; Nüchternheit; Dienst an der Menschheit; Selbstaufopferung; Ausstrahlung von Kraft und Flexibilität; kosmische Ganzheit; Friede und Demut; Stabilität, stützende Energie; Fähigkeit, das Leiden anderer zu akzeptieren; Empathie und Mitgefühl; Geduld; Wiederherstellung.

❀ ***Indikationen:***

Persönliche Hemmungen; Unglück oder Entmutigung; übermäßige Beschäftigung mit persönlichem Leid oder Verlusten; Märtyrertum, sich als Opfer fühlen; Selbstverdammung; wenn man sich ans Rad des Lebens gekettet fühlt; Süchte, Ausschweifungen; Selbstmitleid; Reizbarkeit, Ungeduld.

Wir klammern uns oft an die unwichtigen Aspekte unseres Lebens, statt das Risiko einzugehen, uns von etwas zu trennen. Mit Hilfe der Kugeldistel verbinden wir uns mit unserer inneren Kraft und Flexibilität, so daß wir uns von Belastungen befreien können. Wir entdecken, daß wir tiefen Frieden und Freude finden, wenn wir uns zum Wohl des Ganzen einer höheren Ordnung unterwerfen.

Affirmation:

Ich bin stark und ganz. Ich diene freudig im Geiste des guten Willens.

Besenginster

Gänseblümchen

Holunder

Kugeldistel

Apfel

Springkraut

Grauheide

Birke

Birken vor der Gemeinschaftshalle von Findhorn

Stechginster an der Bucht vor Findhorn

Herstellung von Stechginster-Essenz

Sumpfherzblatt

Glockenblume

Haselnuß (Kätzchen)

Weißdorn

Nabelkraut

Weißdorn vor dem Gemeinschaftszentrum von Findhorn

Frauenmantel

Lorbeerkirsche

Linde

Gauklerblume

Malve

Kuckucksblume

Weiße Rose

Herstellung von Rosen-Essenz

Seerose

Eberesche

Kiefer

Schottische Schlüsselblume

Meersenf

Gänsefingerkraut

Grasnelke

Schneeglöckchen

Knabenkraut

Mauerpfeffer

Bergahorn

Kratzdistel

Baldrian

Brunnenkresse

Stiefmütterchen

Weidenröschen

Die »Lebende Maschine« von Findhorn

Der Findhorn-Fluß

Der ursprüngliche Garten von Findhorn

V.l.n.r.: David Spangler, Eileen und Peter Caddy, Dorothy Maclean

Linde

(Tilia platyphyllos)

❀ ***Leitmotive:*** EINHEIT und UNIVERSALITÄT

Linden-Essenz hilft uns, unser Herz dem Licht und der Liebe unseres universellen Wesens zu öffnen. Aus diesem Bewußtsein heraus erleben wir unsere Verbundenheit mit allem auf der Erde und schaffen harmonische Beziehungen im Leben.

❀ ***Eigenschaften:***

Die Erkenntnis und Erfahrung von uns selbst als universelles Wesen; Identifikation mit dem höheren Selbst; Verschmelzung des individuellen Bewußtseins mit dem kollektiven Bewußtsein und der Umwelt; Verwandlung des Selbsterhaltungstriebs in uneigennützigen Dienst an der Welt; humanitäre Aktivitäten aufgrund des Erkennens von Bedürfnissen und Beziehungen sowie aus einem Gefühl von Verantwortung; Gruppenbewußtsein.

❀ ***Indikationen:***

Übermäßige Introspektion oder Konzentration auf sich selbst; Überidentifikation mit dem niederen Selbst/der Persönlichkeit; Gefühle von Machtlosigkeit; starke Abhängigkeit; Angst, beherrscht und dominiert zu werden; Intoleranz, Vorurteile oder Nationalismus; mangelndes Gespür für das Ganze; Isolation.

Linden-Essenz hilft uns, die universelle Liebe im Herzen zu verankern. Mit ihrer Hilfe können wir Gefühle der Abspaltung von unserem spirituellen Selbst oder von anderen überwinden. Sie stärkt und ermutigt uns, für den Frieden und für spirituelle Harmonie auf Erden zu arbeiten.

Affirmation:

Ich öffne mein Herz, um harmonische Beziehungen im Leben zu schaffen. Ich bin eins mit allen anderen Wesen.

Lorbeerkirsche

(Prunus lusitanica)

❀ ***Leitmotive:***

SCHÖPFERKRAFT
und MANIFESTATION

Lorbeerkirsch-Essenz repräsentiert den Überfluß des Universums. Sie gibt Weisheit und Kraft, um die Hilfsmittel zu finden, mit denen sich Ideen und Ideale verwirklichen lassen.

❀ ***Eigenschaften:***

Entfaltung der Schöpferkraft; Ideen zum Tragen bringen und sie in Aktionen umsetzen; Organisation, Ordnung und Ausdruck des Geistigen durch die Form; Fähigkeit, die Gelegenheiten zu ergreifen, die dem eigenen Lebensziel dienen; verschiedene Facetten oder Energien zu einem Ganzen vereinen; die Kraft, Stille aufrechtzuerhalten, wenn es nötig ist; Hingabe und Kraft, die eigene Vision zu verwirklichen.

❀ ***Indikationen*:**

Unfähigkeit, eine Vision umzusetzen; blockierter Ausdruck der Talente und Initiativen des Selbst; Zaudern; schnelles Aufgeben; Handlungsunfähigkeit aus Angst vor Risiken; Mangel an Willenskraft, um eine Entscheidung zu fällen und dann diesem Weg zu folgen; Unfähigkeit, die zahlreichen Aspekte eines Projekts zu berücksichtigen; Desorganisation.

Lorbeerkirsch-Essenz hat eine harmonisierende und synthetisierende Wirkung. Wenn wir einen Plan ausführen, müssen wir kühn sein und unsere individuellen Energien mit dem höheren Willen verschmelzen. Lorbeerkirsch-Essenz hilft uns, auf die Unterstützung der spirituellen Welt zu vertrauen, wenn wir zum Guten des Ganzen wirken.

***Affirmation*:**

Ich schaffe mir alles, was ich brauche, um den göttlichen Plan zu verwirklichen. Ich wirke zum Guten des Ganzen.

Malve

(Lavatera sp.)

❀ ***Leitmotive:***

AUSRICHTUNG und EINSTIMMUNG

Malven-Essenz hilft uns, die Einheit von Geist und Herz zu erleben, und wir lernen, mit dem Herzen zu denken. Wenn wir aus dieser Verschmelzung heraus denken, öffnen wir uns Gottes Gnade.

❀ ***Eigenschaften:***

Harmonisierung des Denkens mit dem Fühlen des Herzens, was zu liebevollem Handeln führt; Seelenenergie fließt in alle Gedanken und Handlungen ein; die Kraft der Einheit von Herz und Verstand; intuitives Denken durch das Herz; sich vom Herzen leiten lassen; Übereinstimmung von Sein und Handeln; aus ganzem Herzen leben und handeln; Integrität, Verfeinerung, Anmut.

❀ ***Indikationen:***

Spaltung oder Unvereinbarkeit von Gedanken und Gefühlen; Beziehungskonflikte; Unstimmigkeiten; Polarisierung; nur ›im Kopf‹, zu kopforientiert sein; Gedanken, die sich ständig wiederholen; Geschwätzigkeit; Starrsinn; Unhöflichkeit; Unordentlichkeit; Aufsässigkeit; Intoleranz; Unbeholfenheit.

Wenn unsere Gedanken und Gefühle gespalten sind, ist unsere Fähigkeit, dem höheren Willen zu folgen, behindert. Mit Malven-Essenz sonnen wir uns in der Einheit von Körper und Seele, Herz und Verstand und leben in gesunden, angemessenen Beziehungen.

Affirmation:

Ich richte mich am göttlichen Willen aus. Ich bin Liebe in Aktion.

Mauerpfeffer

(Sedum anglicum)

❀ ***Leitmotive:***
ÜBERGANG und
TRANSZENDENZ

Mauerpfeffer-Essenz hilft uns, die innere Ruhe zu bewahren, während wir durch Trägheit und Widerstände hindurch auf tiefgreifende Veränderungen in unserem Leben zugehen.

❀ ***Eigenschaften:***
Tiefe Transformation; Offenbarung; Durchbruch; Selbstgenügsamkeit; Geduld; innere Stille; ein Zustand der Gnade.

❀ ***Indikationen:***
Widerstand gegen Veränderungen; Verhaftung an der Vergangenheit; Starrsinn; Einsamkeit, Isolation; Trägheit, Stagnation.

Mauerpfeffer hilft in Phasen grundlegender persönlicher Veränderungen, wenn wir spüren, daß sich alles um uns herum und in uns selbst tiefgreifend verwandelt. Dieser Prozeß entspricht der Verpuppung des Schmetterlings und hat seinen eigenen Rhythmus und Zeitplan. Mauerpfeffer-Essenz ermöglicht uns, unsere Bindungen an die Vergangenheit zu lösen, Veränderungen anzunehmen und den Raum der Stille in uns selbst zu finden.

Affirmation:
Ich bewahre meine innere Ruhe und Gelassenheit und heiße gleichzeitig alle Veränderungen und Verwandlungen in meinem Leben willkommen.

Meersenf

(Cakile maritima)

❀ ***Leitmotive:*** REGENERATION und VORHERSEHUNG

Meersenf-Essenz erfüllt unser Sein mit der Erfahrung von Überfluß in jeglicher Form. Wir vertrauen auf die Fülle des Universums und empfangen und geben in Großzügigkeit. Wir verfolgen unsere Ziele mit reinem Herzen und wissen, daß alle unsere Bedürfnisse erfüllt werden.

❀ ***Eigenschaften:***

Inneres Wissen und Vertrauen in den Überfluß der Natur; Verehrung und Achtung vor dem Leben; Reinheit des Wesens; Auftanken und Erfrischung aus den inneren Reserven des Selbst; Fähigkeit, Leben zu erzeugen und zu erhalten; Schonung der Ressourcen; Fruchtbarkeit, Saftigkeit.

❀ ***Indikationen:***

Angst vor Mangel; Armut; schwindende oder nachlassende Reserven; Gefühle von Verlassenheit; verschwenderischer Umgang mit Ressourcen; übermäßiger Materialismus; Wechsel von hortendem Geiz und Verschwendungssucht; Verarmung oder Ausbeutung; mühsames Überleben anstelle von frohem Gedeihen; Dahinsiechen; ungenügende Aufnahme von Nährstoffen aus dem Blut; Flüssigkeitsmangel, Austrocknung; Unfruchtbarkeit; Schwierigkeiten im Nehmen und Geben; Ichbezogenheit.

Wir haben möglicherweise das Gefühl, daß unsere Reserven für unsere Bedürfnisse nicht genügen, sei es auf der materiellen, emotionalen oder spirituellen Ebene, und das erzeugt ein ständiges Suchen nach zusätzlichen Mitteln. Meersenf hilft uns, uns wieder mit den Gesetzen der Manifestation und des Seins zu verbinden. Wenn wir wissen, daß wir die Macht haben, alles aus dem Nichts zu erschaffen, brauchen wir nicht mehr so viel anzuhäufen, um uns gegen Unsicherheiten zu schützen, und teilen allen Überfluß aus vollem Herzen.

Affirmation:
Ich gebe und empfange frei in dem Wissen, daß alle meine Bedürfnisse erfüllt werden.

Nabelkraut

(Umbilicus rupestris)

❀ ***Leitmotive:*** SCHARFBLICK
und TRANSPARENZ

Nabelkraut-Essenz bringt Licht in die dunkelsten Ecken unserer Seele. Durch bewußtes Erkennen unseres Schattens können wir unbegründete Ängste aufgeben und begreifen, daß die Dunkelheit dazu dient, die essentielle Wahrheit unseres Seins zu betonen.

❀ ***Eigenschaften:***
Fördert das Licht bewußter Wahrnehmung; beherrscht die Formen der Dunkelheit in der Unterwelt; ehrliche Konfrontation mit verborgenen Ängsten; Wahrheitssuche; sich der Wahrheit stellen, wenn sie ans Licht kommt; Integration aller Aspekte des Selbst; Geist der Erneuerung; das schützende Licht des heiligen Geistes; Gehorsam gegenüber den geistigen Gesetzen; Disziplin; Wiedergutmachung, Erlösung, Rettung; Makellosigkeit; nicht wertende Vorurteilslosigkeit.

❀ ***Indikationen:***
Verleugnung der Schattenseiten; Verbergen der Dunkelheit in einem selbst, Verbergen finsterer Gedanken; Angst vor der Dunkelheit; Alpträume; Negativität; dunkle oder dämonische Gedanken oder Geisteszustände; Angst vor Besessenheit sowie übernatürlichen oder dämonischen Kräften; Aberglauben, Faszination gegenüber den Kräften der Dunkelheit; Geheimnistuerei; Verzerrung oder Verschleierung der Wahrheit vor sich selbst und anderen; Mißtrauen; Täuschung; Folter; Paranoia; Versuchung; Stolz; Übertretung von oder Auflehnung gegen die spirituellen Gesetze; Vorurteile; Schuld; Reue; Scham.

Wenn wir die dunklen Aspekte unseres eigenen Wesens oder des Lebens fürchten oder verleugnen, erzeugen wir Illusionen und Selbsttäuschung und verurteilen uns selbst und andere. Mit

Hilfe des Nabelkrauts erkennen wir, daß die Dunkelheit als Teil des Ganzen existiert, um die Klarheit und Leuchtkraft des Lichts zu enthüllen. Wir schreiten mit neuer Bewußtheit und Klarheit voran.

Affirmation:
Ich erkenne und respektiere alle Aspekte meiner selbst. Ich bin Licht.

Schneeglöckchen

(Galanthus nivalis)

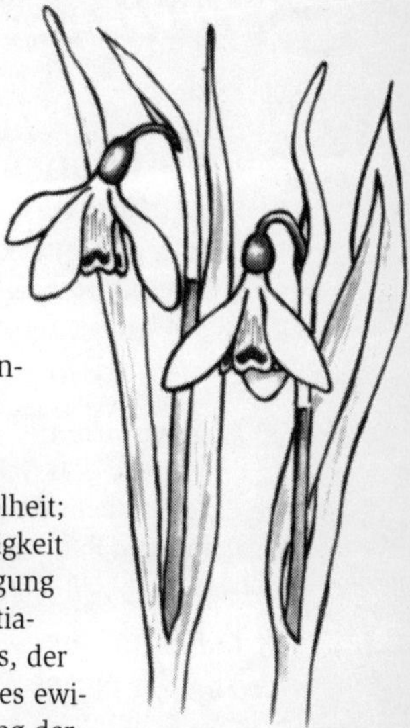

❀ ***Leitmotive:*** HINGABE und UNSTERBLICHKEIT

Schneeglöckchen-Essenz erlaubt uns, die endgültige Loslösung von vergangenen Ereignissen und Bindungen im Leben zu akzeptieren. Durch den Tod des Alten können wir den Samen des ewigen Lichts in uns finden und neue Horizonte erkennen.

❀ ***Eigenschaften:***

Inneres Strahlen in Zeiten der Dunkelheit; Widerstandskraft; innere Stärke; Fähigkeit zur Hingabe; Loslassen als Vorbedingung zu spiritueller Wiedergeburt oder Initiation; Akzeptieren des Sterbeprozesses, der zur Befreiung führt; die Erkenntnis des ewigen Selbst; Ablösung, Transzendierung der materiellen Seite des Lebens; Optimismus und Hoffnung auf die Zukunft.

❀ ***Indikationen:***

Innere Finsternis und Leiden; negative und destruktive Haltungen; Angst vor Sterben und Tod; jahreszeitlich bedingte Depressionen; dunkle Nacht der Seele; Trauer.

Die Essenz des Schneeglöckchens erlaubt uns, Zugang zu unserer tiefsten inneren Stille zu finden und uns dem Prozeß hinzugeben, durch den wir die Vergangenheit loslassen. Dann sehen wir das Licht am Ende des Tunnels und bewegen uns darauf zu. In der Allgegenwart Gottes feiern wir den Tod des Alten und freuen uns über die Ankunft des Neuen.

Affirmation:

Ich gebe mich hin, lasse alles los, was vergangen ist, und freue mich auf das Neue.

Schottische Schlüsselblume

(Primula scotica)

❀ ***Leitmotive:*** FRIEDEN und BEDINGUNGSLOSE LIEBE

Die Essenz der Schottischen Schlüsselblume schenkt inneren Frieden und Ruhe bei Angst, Unsicherheit, Konflikten und Krisen.

❀ ***Eigenschaften:***
Innerer Friede und Gelassenheit; auf die Erde zurückfinden; innere Harmonie; Entspannung; Reinheit der Gefühle; Liebe und Mitgefühl.

❀ ***Indikationen:***
Angst, Beklemmung; Panik, Schock, Lähmung; Unsicherheit; Hysterie; innere Kämpfe; Beziehungskonflikte; Entmutigung.

Die Schottische Schlüsselblume steht für den Frieden. Wenn wir Angst haben, uns Sorgen machen oder mitten in einem Konflikt stehen, hilft die Essenz der Schlüsselblume, die natürlichen Rhythmen wiederherzustellen. Wenn wir uns wieder in Frieden und Harmonie befinden, erlaubt das den freien Fluß der Lebenskraft in alle Teile des Selbst. Dadurch wird das Gleichgewicht wiederhergestellt.

Affirmation:
Ich erlebe Frieden im Herzen und in der Welt.

Seerose

(Nymphaea sp.)

Hier bin ich, kühn und wahr. Ich bin auf ewig dein in der Wahrheit des Seins. In der Reinheit des Herzens bringe ich Freude. Geist, der ewig in der Spirale des Seins sich bewegt, manifestiere ich mich hier, jetzt und immerdar. Ich schenke Herzensmut, wenn du an der Erkenntnis des wahren Selbst verzweifelst. Ich erinnere dich an die Gegenwart des Geistes.

❀ ***Leitmotive:*** PRÄSENZ und AUFSTIEG

Im Garten von Findhorn blüht die Seerose im letzten Behälter der ›Lebenden Maschine‹ (siehe Fototeil) und entspringt so aus den Tiefen der gereinigten Abwässer – ein Symbol für den Geist des Menschen, der aus den Tiefen der dunkelsten Materie aufsteigt und ins Licht empor strebt, strahlend vor Herzensreinheit, Schönheit und innerer Präsenz.

❀ ***Eigenschaften:***
Das Gefühl von intimer Nähe und Verbindung zum Geistigen; spirituelle Evolution; spirituelles Gleichgewicht; Aufstieg; Hingabe, die zur Einweihung in das Mysterium des Geistes führt.

❀ ***Indikationen:***
Verlust des Kontakts zum Geistigen; Gefühl, von Gott verlassen oder aufgegeben zu sein; Unfähigkeit, in die Tiefen der Seele oder des Geistes vorzudringen; Mutlosigkeit angesichts schwieriger Schritte auf dem Weg der spirituellen Evolution; Unfähigkeit zur Hingabe bei gleichzeitiger verzweifelter Sehnsucht, sich dem Geist zu überantworten.

Wenn wir inbrünstig hoffen, auf eine höhere Ebene vorzudringen, oder verzweifelt nach Hilfe rufen, schenkt uns Seerosen-Essenz Tapferkeit des Herzens. Wir können voll Zuversicht in die Tiefen hinab und in die Höhen hinauf steigen, um die Wahrheit zu ergründen: Unser innerstes Wesen ist unzerstörbar, unveränderbar und in ewiger Verbindung mit dem göttlichen Sein.

Affirmation:
Reinen Herzens stehe ich in der Wahrheit des Seins.
ICH BIN.

Springkraut

(Impatiens glandulifera)

❀ *Leitmotive:* BEZIEHUNGEN und INTIMITÄT

Springkraut-Essenz erleichtert es uns, den physischen Körper, in den wir uns als Seelen inkarniert haben, zu schätzen und zu lieben. Wir fühlen uns voll präsent in der Welt und können wahre Liebe ausdrücken.

❀ ***Eigenschaften:***

Die Fähigkeit, Intimität und Liebe auszudrücken, sich selbst und andere zu nähren und zu versorgen; Wohlgefühl im eigenen Körper und in der Umwelt; Wahrnehmung körperlicher Bedürfnisse, Empfindungen und Gefühle; Wärme; Sensibilität; Sinnlichkeit; Wertschätzung der Sexualität; emotional gesunde Beziehungen; Heilung unter dem weiblichen oder Mutter-Aspekt; kreative weibliche Kraft; innere Verbindung zur Mutter Natur.

❀ ***Indikationen:***

Angst vor Trennungen, vor dem Leben oder vor einer Geburt; Angst vor Intimität; wenn man sich ungeliebt oder ungewollt, vernachlässigt, verlassen oder abgelehnt fühlt; Wurzellosigkeit, Heimatlosigkeit oder Bindungsmangel; Entfremdung von der Mutter oder weiblichen Aspekten des Selbst; Angst vor Beziehungen; Mangel an körperlicher Wärme und Präsenz, körperliche Ablehnung, Frigidität; Arroganz; Ungezügeltheit; Exhibitionismus; unerfüllte Begierden.

Wenn wir uns fehl am Platz und unwohl fühlen oder uns nicht gut um uns selbst kümmern, haben wir möglicherweise Probleme, mit anderen Menschen Beziehungen aufzunehmen, und fühlen uns distanziert und ungeliebt. Das Springkraut erinnert uns an die Göttlichkeit unseres Seins in körperlicher

Gestalt. Wir erleben Wärme, Sensibilität und Zärtlichkeit uns selbst und anderen gegenüber sowie eine neue Freude und Harmonie in unseren Beziehungen.

Affirmation:
Ich bin glücklich und fühle mich wohl in meinem Körper und in der Welt.

Stechginster

(Ulex europaeus)

❀ *Leitmotive:* FREUDE und LEBENSLUST

Stechginster-Essenz ist ein Lichtbringer, denn sie regt Lebenskraft, Begeisterung und Motivation an, wenn man sich apathisch oder angegriffen fühlt. Sie bringt Leichtherzigkeit und Lebensfreude.

❀ ***Eigenschaften:***

Erneuerung der Lebenskraft; Vitalität; Motivation; Begeisterung; im gegenwärtigen Augenblick leben; Lebensfreude und Lebenslust.

❀ ***Indikationen:***

Apathie, Teilnahmslosigkeit; Ausgebranntsein; schwache Abwehrkräfte; Mangel an Motivation und Begeisterung; Freudlosigkeit; Unfähigkeit, sich anderen anzuschließen oder sich mitzuteilen.

Der Stechginster ist ein Lichtbringer und kündet von Freude – eine seelische Qualität, die uns heilen kann. Wenn wir uns zu stark erschöpfen, haben wir keine Energie mehr übrig, um am Leben teilzunehmen. Wir gehen dann sparsam mit unserer Energie um, um sie für uns zu bewahren, verwehren uns aber damit den Zugang zu eben jener Quelle, durch die wir sie wieder auffüllen könnten. Stechginster-Essenz bringt uns die Lebensfreude zurück und die Fähigkeit, jeden Moment des Lebens voll zu genießen. Sie gibt uns Hoffnung und stärkt so den Willen und die Abwehrkräfte des Körpers.

Affirmation:

Ich lebe mein Leben mit Freude und Leidenschaft.

Stiefmütterchen

(Viola tricolor)

❀ *Leitmotive:* RESONANZ und STRAHLEN

Die Essenz von wildem Stiefmütterchen klärt und reinigt die Kanäle, die den Geist mit dem Herzen verbinden. Wenn wir diese Verbindung beleben, können die Lebensenergien frei zum Herzen strömen und durch das ganze Wesen hindurchstrahlen.

❀ ***Eigenschaften:***

Empfänglichkeit, Sensibilität und Kontakt zu den höheren Energien; Reinigung der Kanäle des Energiestroms, der Geist und Körper mit lebenswichtigen Energien versorgt; Erleuchtung, Lebenskraft, Klarheit durch Belebung des Herzzentrums; Verbindung und Koordination von Denken, Fühlen und Wollen; stabile Verbindung von Körper und Geist; Lebendigkeit, Wohlbefinden und Gleichgewicht.

❀ ***Indikationen:***

Gestörter Energiefluß aufgrund von Blockaden, Hindernissen und Leckstellen; blockierter Energiefluß zum Herzen; gestörte Verbindung zu höheren Energien; ungleichmäßiger Energiestrom; Isolation und Verbindungslosigkeit; Krämpfe; Spannungen; Nervosität, Erregung, Unsicherheit; Verlust der geistigen Zurechnungsfähigkeit; Unklarheit, Verwirrung, Vergeßlichkeit, Desorientiertheit.

Wenn die Verbindung zwischen Kopf und Herz blockiert ist und der Energiefluß umgeleitet, behindert oder gestört wird, spüren wir innere Unklarheit, Verwirrung und Isolation. Das Stiefmütterchen hilft, den Kopf zu klären und die Kanäle zu reinigen, und ermöglicht so Empfänglichkeit und Sensibilität. Wenn der Kontakt wiederhergestellt ist, spüren wir erneut die Gegenwart des unendlichen Energiestroms der göttlichen Liebe.

Affirmation:
Mein Geist und mein Herz sind offen. Ich strahle Licht und Liebe aus.

Sumpfherzblatt

(Parnassia palustris)

❀ ***Leitmotive:*** DURCHLÄSSIGKEIT und HEITERKEIT

Die Essenz des Sumpfherzblatts verwandelt die mächtigen universellen Energien in eine sanfte und zarte Schwingung, die die Seele erhebt und das Herz für die heilende Kraft der Liebe öffnet.

❀ ***Eigenschaften:***
Innerer Friede und spirituelle Empfänglichkeit; Offenheit für den Strom aus der spirituellen Quelle; die Kraft der Verletzlichkeit; das reine Licht der Liebe; Reinheit des Herzens; Verwandlung von Macht in Liebe; weibliche, empfängliche Qualitäten: Sanftheit, Weichheit, Feinheit, Zartheit; Offenheit und Anmut; Bescheidenheit; Unschuld; Tugend; Loslassen von Trauer und Kummer.

❀ ***Indikationen:***
Konflikte zwischen Liebe und Macht; Angst vor der eigenen Kraft; Verzagtheit; Anfälligkeit; innere Schutzwälle gegen Schmerz oder starke Gefühle; Abgestumpftheit gegenüber Schmerz; tiefe Traurigkeit und Kummer; Angst vor Hilflosigkeit und Verletzlichkeit; starker Selbstschutz; wenn man sich außer Kontrolle fühlt; Zurückhaltung; Flüchtigkeit; Schüchternheit.

Wenn wir uns von starken Gefühlen, Angst oder Verletzlichkeit belastet fühlen, errichten wir manchmal schützende Barrieren, die uns von unseren wahren Gefühlen abschneiden. Das Sumpfherzblatt öffnet uns für den vollen Ausdruck aller unserer Gefühle und verschafft uns Zugang zu Glückseligkeit, Frieden, Freude und Heiterkeit.

Affirmation:
Ich öffne mein Herz, um Liebe einzulassen. Ich empfinde meine Liebe und drücke sie in der Welt aus.

Weidenröschen

(Epilobium angustifolium)

❀ ***Leitmotive:*** MACHT und SELBSTBEHERRSCHUNG

Weidenröschen-Essenz hilft, selbstsüchtiges, autoritäres oder herrschsüchtiges Verhalten auf der Persönlichkeitsebene auszugleichen, und führt zu einer angemessenen Integration von Willen und Macht.

❀ ***Eigenschaften:***
Integrität; Kraft und innere Stärke; angemessener Einsatz des Willens; Autorität; Selbstbeherrschung und Mäßigung; Demut; Diplomatie.

❀ ***Indikationen:***
Selbstverherrlichung, Eigendünkel, Wichtigtuerei; Vorurteile, vorgefaßte Meinungen, Verurteilung anderer; Eigensinn; Gier nach Macht und Status; autoritäres Verhalten; ungezügeltes, cholerisches Temperament; unterdrückte Gefühle; Wut.

Wenn wir uns an unsere Machtpositionen klammern, geraten wir in Gefahr, andere mit unserem Willen zu stark zu beeinflussen oder zu manipulieren. Wir müssen uns mäßigen. Weidenröschen-Essenz hilft uns, durch Demut und den angemessenen Einsatz unseres Willens die Kräfte unserer Persönlichkeit mit unserer wahren inneren Kraft in Einklang zu bringen.

Affirmation:
Ich meistere meine Persönlichkeit und handle aus innerer Kraft mit Demut und unter angemessenem Einsatz meines Willens.

Weißdorn

(Crataegus sp.)

❀ ***Leitmotive:***
WIEDERGEBURT
und SCHÖPFUNG

Weißdorn-Essenz öffnet unser Herz der Liebe, so daß wir uns selbst und andere akzeptieren. Sie ermöglicht Intimität und den Ausdruck unserer Wahrheit und inneren Kreativität.

❀ ***Eigenschaften:***
Der Ausdruck kreativer Aktivität auf allen Ebenen; Gebären; Öffnung für andere; Intimität und Fürsorge; Mitgefühl; warmes und liebevolles Akzeptieren von allen und allem; universelle Liebe; Transformation durch die Macht der Liebe.

❀ ***Indikationen:***
Gehemmter Selbstausdruck und blockierte Kreativität; Zurückhaltung, mangelnde Beteiligung; Probleme, Freundschaften zu schließen; Angst vor Ablehnung; Unterdrückung des wahren Selbst.

Die Weißdorn-Essenz wird aus den Blüten des heiligen Dornbusches von Glastonbury hergestellt. Der ursprüngliche Baum soll aus dem Stab von Joseph von Arimathäa gewachsen sein, als er ihn auf dem Wearyall Hill bei Glastonbury in den Boden steckte. Diese Essenz erweckt die bedingungslose Liebe des Christus-Bewußtseins in uns selbst und anderen.

Affirmation:
Ich öffne mein Herz der Liebe. Ich liebe und akzeptiere mich selbst und andere.

Weiße Rose

(Rosa alba)

❀ ***Leitmotive:*** LIEBE und ALLMACHT

Die Weiße Rose ist die Essenz des positiven, nach außen gerichteten kreativen Ausdrucks. Wenn der Verstand sich mit der inneren Weisheit verbindet, spiegeln Worte und Taten die Kraft der universellen Wahrheit.

❀ ***Eigenschaften:***

Erleuchtete, individuelle Macht; die kreative Kraft des Wortes; spiritueller Wille; göttliche Führung und Schutz; positives Handeln aufgrund von Intuition; Selbstverantwortung und die Fähigkeit, die Initiative zu ergreifen; Führungseigenschaften; Fähigkeit, aus innerer Autorität heraus zu sprechen und zu handeln; Geduld, Ausdauer und Durchhaltevermögen; Entschiedenheit, Stärke; Güte; das maskuline Prinzip: extrovertiert und kreativ; Heilung durch das Vater-Prinzip; Männlichkeit; Potenz.

❀ ***Indikationen:***

Diktatorischer und autoritärer Einsatz des Willens; Gier nach persönlicher Macht und Kontrolle; kontrollierendes Verhalten dem Leben und anderen gegenüber; Machtmißbrauch; Herrschsucht; Zwang, sich selbst oder seine Handlungen mit Worten zu verteidigen, entschuldigen oder rechtfertigen; emotionale Unsicherheit; schützende emotionale Panzerung; Zurückhaltung im Selbstausdruck; Unterlegenheitsgefühle oder Gefühle von Impotenz; Unfähigkeit, etwas anzuregen, zu verwirklichen oder durchzuführen; Unbeugsamkeit; starre Ideen; strikte Befolgung von Konventionen und Traditionen; Stolz, Arroganz; Kritiksucht; Starrsinn.

Macht kann mißbraucht werden, wenn Liebe fehlt. Durch erlerntes Kontrollverhalten, Minderwertigkeitsgefühle und Stolz kann das niedere Selbst oder Ego die innere Autorität des wahren Selbst untergraben. Die Weiße Rose hilft, sich mit dem höheren Selbst zu verbinden und zu tiefer innerer Einsicht und Verständnis zu finden. Daraus ergibt sich die Kraft, Worte auch in Taten umzusetzen.

Affirmation:
Ich verbinde meinen Verstand mit der uralten Weisheit und folge meiner inneren Wahrheit.
Ich verbinde meine Worte mit Liebe und Kraft und spreche meine eigene Wahrheit.

Kombinierte Blütenessenzen

Die Eigenschaften der einzelnen Essenzen sind jeweils angegeben, um anzudeuten, wie sie in der Kombination die Gesamtessenz ergänzen und verstärken.

Klares Licht

Besenginster, Findhorn-Flußwasser, Stiefmütterchen, Birke, Kiefer und Weiße Rose

Die Kombination *Klares Licht* schenkt inneren Frieden, geistige Klarheit und wache Bewußtheit, was für die Meditation sehr hilfreich ist. Wenn Körper, Seele und Geist in Stille und im Einklang sind, entsteht ein durchlässiger Kanal, über den es möglich ist, mit der Intuition, dem höheren Selbst und dem universellen Geist in Kontakt zu treten.

Durch Einstimmung auf die höheren Ebenen lassen sich innere Führung und Unterstützung aus der spirituellen Welt beziehen, und ein Leben im Einklang mit dem eigenen Lebenssinn und dem göttlichen Plan wird möglich.

Besenginster – befreit das Selbst von persönlichen Begrenzungen.

Findhorn-Flußwasser – hilft, sich mit der Quelle zu verbinden, und befreit das Selbst von persönlichen Begrenzungen.

Stiefmütterchen - verstärkt den Strom der höheren Weisheit ins Herz und erhöht die Empfänglichkeit.

Birke - bringt Licht in den Verstand und schenkt eine klare innere Vision.

Kiefer - verstärkt die Fähigkeit zuzuhören und hilft, innere Führung und eine Richtung im Leben zu finden.

Weiße Rose - erleichtert den positiven, aktiven Ausdruck der empfangenen Weisheit.

Klares Karma

Birke, Schneeglöckchen, Eberesche und Weißdorn

Diese Kombination unterstützt die Wahrnehmung der karmischen Ursachen bei allen Problemen und Schwierigkeiten des Lebens. Durch Voraussicht in die Zukunft und das Verstehen der Vergangenheit wird die Ursache allen Leidens offenbar, und Bindungen, die Leid, Unglück und Krankheiten erzeugen, können aufgegeben werden.

Birke - hilft, Einsichten in die Vergangenheit und die Zukunft zu gewinnen und die Ursachen des Problems zu verstehen.

Schneeglöckchen - schenkt neue Hoffnung und erleichtert den Übergang ins Licht durch Hingabe und Loslösung.

Eberesche - löst Groll und Schmerzen auf und heilt alte Wunden. Fördert die Fähigkeit, sich selbst und anderen zu vergeben.

Weißdorn - öffnet das Herz für Liebe, Akzeptanz, Mitgefühl und Verständnis.

Spirituelle Hochzeit

Apfel, Weißdorn, Malve und Grasnelke

Diese Kombination ermöglicht die Integration und Synthese der Gegensätze, die sich in jedem Menschen finden - zwischen Kopf und Herz, Verstand und Liebe, Willen und Weisheit, Männlich und Weiblich.

Stabilität und Ausgewogenheit zwischen den Gegensätzen werden durch die Qualitäten von Harmonie, Expansion und Vereinigung erreicht. Sie öffnen für das Potential, die Freiheit und die Freude ausgewogener Beziehungen.

Apfel - befreit den kreativen Willen.
Weißdorn - öffnet das Herz für Liebe und Intimität und für den Ausdruck des wahren Selbst.
Malve - unterstützt angemessene Beziehungen durch die Verschmelzung von Kopf und Herz, Geist und Gefühl.
Grasnelke - bringt Harmonie durch den Ausgleich des Energiestroms zwischen allen Energiezentren.

Erste Hilfe

Gänseblümchen, Schlüsselblume, Grauheide und Kratzdistel

Eine beruhigende Kombination, die in jeder Krise sofortige Erleichterung schenkt. Sie kann in Fällen von Streß, Trauma oder Schock auf der körperlichen, emotionalen und geistigen Ebene angewandt werden und unterstützt dabei, damit verbundene Ängste zu lindern sowie Spannungen und Schmerzen aufzulösen.

Gänseblümchen - schenkt Gelassenheit, Schutz und Zentriertheit.
Schlüsselblume - hilft, die Lebensenergie im Herzen zu verankern, und fördert die Entspannung und Gefühle von Frieden und Liebe.

Grauheide - stabilisiert, fördert Vertrauen und Selbstbewußtsein.

Kratzdistel - schenkt den Mut zur positiven Tat bei Schwierigkeiten oder in Notlagen.

Lebenskraft

Stechginster, Holunder, Bergahorn, Baldrian und Sumpfherzblatt

Lebenskraft ist eine ausgezeichnete Kombination, um Müdigkeit, Apathie und Ausgebranntsein zu überwinden. Sie belebt, stärkt die Abwehrkräfte und erzeugt Vitalität und neue Energie.

Stechginster - bringt Vitalität, Begeisterung und Freude.

Holunder - regt die natürlichen Kräfte des Körpers an, sich zu verjüngen und neu zu beleben.

Bergahorn - hilft, die inneren Kraftreserven zu finden.

Baldrian - hebt die Stimmung, um Freude und Glück im Leben wiederzufinden.

Sumpfherzblatt - verstärkt die Fähigkeit, Energien aus der universellen Quelle zu empfangen und umzuwandeln.

Offenbarung

Mauerpfeffer, Schneeglöckchen, Weißdorn und Haselnuß

Diese Essenz ermöglicht inneren Wandel und Veränderungen. Wenn alte Begrenzungen überschritten werden, öffnet sich ein Weg für einen neuen Strom der Inspiration, der die innere Lebenskraft verstärkt und vorwärts treibt. *Offenbarung* enthüllt das Geheimnis der Hingabe und schenkt die höchste individuelle Entfaltung der Vision. So führt sie zu tiefem Verstehen, Akzeptanz, innerer Gelöstheit und Freiheit.

Mauerpfeffer - ermöglicht die Zentrierung in innerer Stille, während man Trägheit und Widerstände durchbricht, um Transformationen zu erzielen.

Schneeglöckchen - ermöglicht bereitwillige Hingabe an die Suche nach dem ewigen inneren Licht, das die Dunkelheit erleuchtet. Schenkt Hoffnung und die Fähigkeit, neue Perspektiven zu sehen.

Weißdorn - öffnet das Herz für Liebe, Akzeptanz, Mitgefühl und Verständnis.

Haselnuß - verkörpert den Geist der Zukunft. Hilft, die Vergangenheit ohne Kummer loszulassen, und schenkt eine neue Vision voll kreativem Potential.

Heiliger Gral

Springkraut, Kugeldistel, Frauenmantel und Weiße Rose

Diese Essenz ermöglicht es uns, den Geist in unserem physischen Körper aufzunehmen und faßbar zu machen und ihn so mit anderen zu teilen. Sie schenkt uns die Kraft, alles, was im Kelch unseres Wesens unwirklich ist, auszuleeren und unsere physischen, emotionalen, geistigen und spirituellen Körper zu integrieren, zu harmonisieren und zu vereinen.

Wenn wir auf allen Ebenen - Körper, Seele und Geist - entsprechend ausgerichtet sind, kommt unser essentielles Wesen zum Vorschein, und wir werden zu einem Gefäß für den Heiligen Geist.

Springkraut - schenkt uns Liebe und Akzeptanz für den physischen Körper, den wir als Seele für unsere Inkarnation ausgesucht haben. Wir fühlen uns in der Welt ganz gegenwärtig und erfüllen alle Beziehungen mit Liebe und Intimität.

Kugeldistel - hilft uns, bei unserer Suche nach Ganzheit alles Unwichtige zurückzulassen.

Frauenmantel – schenkt uns ein Bewußtsein für das unendliche Wissen und die Weisheit, die uns im Kosmos zur Verfügung stehen.

Weiße Rose – ist die Essenz des positiven, extrovertierten, kreativen Ausdrucks und erlaubt uns, die Kraft unseres wahren Wesens in Worten und Taten zu manifestieren.

Besondere Essenzen

Wesak-Essenz

Versammlungshalle, Wesak-Vollmond, 14. Mai 1995

Die Legende besagt, daß jedes Jahr zum Vollmond im Mai eine besondere Zusammenkunft im Wesak-Tal im Himalaja stattfindet, zu der Buddha erscheint, um die Erde und die Menschheit zu segnen. Wenn Buddha bei dieser Zeremonie erscheint, wird eine Kristallschale mit Wasser geweiht und das Wasser anschließend verteilt.

Bei unserer diesjährigen Gemeinschaftsmeditation fühlten wir uns inspiriert, eine Kristallschale in die Mitte zu stellen und das Wasser anschließend zu verteilen. Aus dem restlichen Wasser in dieser Kristallschale habe ich diese Essenz hergestellt, indem ich sie dem Licht der aufgehenden Sonne aussetzte. Dabei erhielt ich die folgende Botschaft:

Das Auge ist geöffnet, und nun kann ich sehen. Weisheit, tiefe Weisheit. Freut euch, nehmt die Energien auf, die uns gesandt wurden, und laßt sie alle Streitigkeiten auflösen. Diese Essenz kann zum Segnen und Heilen benutzt werden, damit die höhere Weisheit sich entfalten möge. Dank sei allen, die sich versammelt haben, um für Liebe und Frieden zu wirken.

Steve Nation betonte beim Welt-Wesak-Treffen in London in jenem Jahr die besonderen Qualitäten der Zeit rund um den Wesak-Vollmond.

Im jährlichen Zyklus extraplanetarischer Energien, die sich ins menschliche Bewußtsein ergießen, schafft der Stier die perfekte Umgebung für Wesak. Es handelt sich um eine Energie, die das Potential der Erleuchtung mit sich bringt. Ich sehe, und wenn das Auge geöffnet ist, ist alles Licht. Das ist das Leitmotiv dieses Sternzeichens. Das große Geschenk, das hiermit angedeutet wird, betrifft den Prozeß der Sehkraft, der Offenbarung ... Der Stier bringt eine Energie mit sich, die die Gruppenvision anregen kann; das Ziel des großen göttlichen Plans wird im Gruppenbewußtsein deutlich, die Prinzipien von Ganzheit, Synthese und Freiheit werden in stärkerem Maße lebendig, faßbar und wirklich. Der Stier als ein Erdzeichen stärkt den Willen, zu dienen und die Vision zu manifestieren.

Höchste Freude

Fest der Menschheit, Fest des Guten Willens,
Fest der Sonne im Zwilling, Vollmond 1995
Gemeinschaftshalle, Findhorn-Stiftung

Aus Blumen, die um unsere Gemeinschaft her wachsen, unter anderem:

Besenginster, Stechginster, Klatschmohn, Klee, Eberesche, Rose, Wilde Möhre, Katzenminze, Schnittlauch, Margerite, Japanische Quitte, Silberpfennig, Kohl, Frauenmantel, Akelei, Wilder Borretsch, Wicke, Goldlack, Ochsenzunge, Gräser, Stiefmütterchen, Glockenblume.

Diese Essenz wurde von der gesamten Gemeinschaft hergestellt und entstand spontan, als wir uns zur Meditation versammelten, um dieses besondere Fest zu feiern. Eileen Caddy leitete die Meditation und forderte uns am Ende auf, eine Blume auszuwählen und in eine große, fünfeckige Kupferschale mit Wasser zu legen. Jeder Teilnehmer schickte ein Gebet und einen Segen in die Welt. Etwa hundertfünfzig Segnungen wurden so von der Gemeinschaft in die Essenz gegeben. Als ich die schönen Blüten in der großen Schale betrachtete, erkannte ich, daß wir eine phantastische Blütenessenz geschaffen hatten. Ich rief die Teilnehmer des Gartenprojekts zusammen, mit denen ich gearbeitet hatte. Wir sammelten je eine der verschiedenen Blüten und bereiteten mit ihnen und dem Wasser der großen Schale diese Essenz.

Bei unserer Einstimmung, als wir nach der Sonnenbestrahlung die Essenz einholten, empfing die Gruppe die folgende Inspiration:

Das Leitmotiv im Zeichen des Zwillings:

Ich erkenne mein anderes Selbst und wachse und strahle im Vergehen dieses Selbst.

Ich öffne das körperliche und das innere Auge der Schönheit als einem Ausdruck des Göttlichen. Ich öffne das äußere und das innere Ohr den Harmonien, die die Blüten zusammen mit allen lebenden Wesen als Lied des Lebens anstimmen. Ich führe alles zusammen in Harmonie und Schönheit.

Frieden und guter Wille werden herrschen, wenn die Menschheit fähig ist, Segen und Liebe im Einklang mit dem Geist des Einen zu schenken. Dieses erhabene Bewußtsein enthält alle Qualitäten des Christus-Bewußtseins und strahlt sie aus: universelle Liebe, Licht und Weisheit.

Vielfalt und Ganzheit, Klarheit und Inspiration; die Öffnung des Kronenchakras, um eins zu werden mit dem Universum; die Verbindung mit dem Göttlichen; die Verkörperung der Christus-Energie; Öffnung des Herz- und Kehlkopfchakras.

Für alle, die die Energie Christi verkörpern wollen, denn es enthält die Essenz all seiner Lehren. Die Zeit des Lernens ist vorüber, jetzt geht es darum, die Christus-Energie zu leben und sie zu verkörpern.

Teil III

Die Essenz-Botschaften

Die Botschaften der Element-Essenzen

*Das Ziel des menschlichen Strebens nach Erkenntnissen über sie (die Naturwesen) muß sein, eine Verbindung zwischen den Welten der Natur und des Geistes zu schaffen; mit anderen Worten, um eine Verbindung zwischen den Naturwesen und den Engelwesen herzustellen. Nur der Mensch kann diese Verbindung herstellen, denn er allein vereint beide Reiche in sich. Wenn er sich dieser Aufgabe nicht stellt, bleiben beide Bereiche getrennt. Die Naturgeister und Elementarwesen wahrzunehmen und zu verstehen ist grundlegend verbunden mit einer Aufgabe, die man kosmisch nennen könnte, einer evolutionären Aufgabe, die nur Menschen erfüllen können, weil sie innerhalb dieses Kosmos einen so besonderen Platz einnehmen.**

Rudolf Steiner

Erde

Findhorn-Fluß, Findhorn-Naturheiligtum, 12. Juli 1993

Tief in den Höhlen der Erde leben und arbeiten wir. Wir schüren die Feuer, um die Erde zu wärmen, damit die My-

* Dieses Zitat von Rudolf Steiner wurde rückübersetzt. Es entspricht möglicherweise nicht der genauen Formulierung des deutschen Originals.

riaden von Lebensformen gedeihen, die dieses Element mit euch und mit uns zusammen bewohnen. Wir arbeiten ohne Unterlaß, um sicherzustellen, daß der große Plan sich erfüllen kann. Wir nutzen die Mächte im Stein und in der Erde selbst, damit ihr alle durch das Licht und die Liebe der inneren Sonne gewärmt werdet. Wir sind Wesen der ursprünglichen Schöpfung, und wir geben euch unsere Gaben - unsere Lieder und unsere Fröhlichkeit -, damit ihr euch an der Substanz eurer Körper erfreut, die wir aus diesen Elementen erschaffen haben. Ihr könnt uns erkennen, wenn ihr in euch selbst Kontakt aufnehmt zu euren tiefsten Wünschen, das zu lieben, was ihr seid und was wir sind. Wir haben euch diese Körper gegeben, haben sie aus unserem Inneren erzeugt und als die Früchte unserer Bemühungen geboren. Wir bringen Lachen und Lieder und Fröhlichkeit, denn wir sind Wesen von großer Dichte und Form und Struktur, aber wir benutzen Licht und Wärme, um uns selbst zu verkörpern und um uns Leichtigkeit und Licht zu bringen. Tief im Innern transformieren wir euer Verlangen, von den Fesseln der Erde befreit zu sein. Wir schenken Leichtigkeit des Seins, die jede Trägheit überwindet. Durch uns können eure Wesen in die Höhe schweben und tief graben, um die Wahrheit über das Sein auf der Erde zu finden, wo wir euch beschützen und vor den Feuern bewahren, die wir versorgen. Ehre sei Gott und Ehre sei uns, den Elementarwesen der Erde, die sich euch schenken in der Einheit mit der Liebe der Erde.

Wasser

Findhorn-Fluß, Randolphs Leap, 6. Juni 1993

Ich bin die Essenz des Guten. Meine Gestalt reicht von den höchsten Gipfeln bis zu den niedersten Ufern, und ich bringe Reinheit, Klarheit und himmlische Kraft, die ich in meinen Energieströmen dir, der Menschheit und allen Erdenwesen schenke. Meine Essenz ist eine Kraft jenseits allen Verstehens. Mein Leitmotiv ist die höchste Kraft, und mein höchstes Ziel ist die eine Quelle. Aus meinem Wasserreich bringe ich die ewige Lebenskraft dessen, was ich bin: die Quelle im Herzen des Christus, Kanal und Gefäß des heiligen Blutes. Ich nähre alle bedingungslos. Mein Lebensblut ist die Macht und Kraft Gottes - manifest, sichtbar, faßbar, alle nährend - und reinigt die Sinne, auf daß ich erkannt werde. Ich fließe im Strom deines Blutes ebenso wie im göttlichen Blutstrom. Ich bin eins mit dem Wasserreich, ich gebe dir Nahrung und erfülle dein Sein mit der unendlichen Macht des Meeres. Ich bin das ewige, unendliche Fließen der Liebe und des Friedens Gottes. Das Herz kennt keine Furcht. Ich bin die große Hingabe an die Macht der unendlichen Realität grenzenloser Liebe und Wahrheit.

Luft

Brunnen des Nordwindes
Sonnentempel, Iona, 6. Juli 1994

Wir kommen in Frieden, wir Geister des Nordwinds. Wir führen und leiten dich an die Ufer deiner Gefühlswelt, wo Frieden herrscht. Wir streicheln deine Gestalt mit dem kühlen Blau der Vernunft. Wir umspülen dich wie die blauen Wellen, die uns vom Haus unseres Vaters forttragen, und reinigen deine Seele, damit du die Segnungen des Vaters empfangen kannst - Wärme, Licht und Inspiration. Wir sind die Geister der Luft, gekleidet in die Essenz des Wassers, damit du frei wirst, mit uns in die Höhen zu schweben. Dort wird dir durch unsere Gegenwart das Strahlen der Sonne geschenkt. Wir bringen das Licht und die Wärme zu allen, um sie an diesem Wunder der Existenz teilhaben zu lassen. Wir sind das Licht der Wahrheit, das euch in Geist, Herz und Seele erleuchtet, damit ihr euch daran erinnert, uns in Seinem Namen zu ehren. Gelobt seien die Luftgeister in jedem. Gelobt sei der Eine.

Feuer

Sommersonnwendfeuer
Strand von Findhorn und Findhorn-Naturheiligtum,
21. Juni 1993

Wir grüßen euch in der Wärme von Gemeinschaft und Einheit. Die Flamme wurde im Wasser gefangen. Eine seltene Vereinigung, die allem dient, wenn sie geschieht. Die Besonderheit der Feueressenz liegt in ihrer Fähigkeit, zu reinigen und zu erneuern. Sie wird jedes Wesen auf eine Weise energetisieren, die nur durch die Vereinigung von solarem und feurigem Willen möglich ist. Diese Vermischung und Verschmelzung ist nur denjenigen zugänglich, die das Element Feuer gemeistert oder erobert haben, und steht nun jenen zur Verfügung, die bewußt nach einer solchen Vereinigung im feurigen Herzen der Materie suchen. Daß ich zu diesem Zeitpunkt erscheine, ist kein Zufall, denn die Verfügbarkeit dieses Potentials öffnet ein Tor für die vielen Suchenden, die die hier gebotene großartige Gelegenheit begreifen.

Wir haben unser Sein vereint und ergießen nun den Segen der Einheit über alle, auf daß sie die Herrlichkeit Gottes in der ewigen Flamme des Lichts und der Liebe sehen. Gelobt seien die Geister Gottes, die die Seelen der Menschen entzünden, auf daß sie die innere Flamme der Wahrheit und Einheit erkennen. Ihnen sei Ruhm!

Äther

Brunnen der ewigen Jugend
Dun-I, Iona, 15. August 1993

Ich bringe Frieden. Frieden für die Seele, die weit gereist ist und die Ufer der Gelassenheit erreicht hat, durch Mühsal, Geduld und Liebe. Ich bringe die höchste Hingabe der Seele an die Liebe und das Licht in Gott. Dies ist die Hingabe der Seele an den Geist, die den absoluten Frieden in Gott schenkt. Ich bin der heilige Hauch - denn was du in deine Seele einatmest, ist die Essenz dessen, was ich bin. Ich bin der Geist der Wahrheit. Ich bin das Schwert des Lichts. Ich bin der Kelch der Liebe. Ich bin die grenzenlose Weisheit des Meeres, das unendliche Meer von Gottes Weisheit; ich umschäume deine Gestalt, brande an die Ufer deiner Gefühle. Ich bin die tiefe Erde deines Seins - jene Stille, die nur die Materie kennt. Aber vor allem bin ich das Feuer in deinem Herzen, in deinem Geist und in deinem Wort. Ich bin das ›Ich bin, der ich bin‹. Ich komme von der Quelle und nähre alle. Ich bin alles. Ich bin der unendliche, niemals endende feurige Atem Gottes, der sich in den lebendigen Wassern des Lebens manifestiert. Ich bin das Lebensblut Gottes. Ich bin der göttliche Geliebte in allen Dingen. Ich bin Leben. Ich bin Bewußtsein. Ich bin der Friede Gottes, der segnend auf die Menschen herabkommt, zum Ruhm dieser meiner kostbarsten Schöpfung - meiner Statthalter auf Erden.

Die Botschaften der Blütenessenzen

Apfel

Findhorn-Naturheiligtum,
Vorabend von Beltane und Morgen des 1. Mai 1993

Mein Leitmotiv heißt Disziplin, jener notwendige Bestandteil eines Lebens im Dienste am Höchsten und an allen Untertanen und Reichen der Erde. Ich bringe neue Gelegenheiten. Es ist ein freudiger Tag, wenn das, was ich bin, als ein Prozeß der Reinigung akzeptiert wird, damit das Neue geboren werden und auftauchen kann. Ich bin Macht und Willen. Gib mir dein Selbst, und ich werde dein Verlangen auf das Höchste richten - auf den Willen zur Wahrheit.

Baldrian

Findhorn-Fluß und Findhorn-Naturheiligtum
Vollmond, 2. August 1993

Ich bringe höchstes Glück, wenn du von einem Gefühl von Verantwortung niedergedrückt bist. Dann komme ich, um dich zu erfreuen und dir eine friedliche Rückkehr zu dem wahren Wesen zu ermöglichen, das du bist. Voll Freude, Fröhlichkeit und Licht genießt du deine Zeit auf der Erde und sonnst dich in der Leichtigkeit des Seins, die ich bin. Erkenne mich im Lachen von Kindern, im Lied der Vögel, im Rauschen des Flusses, denn ich bringe dir Frieden im Geist, im Herzen und im Sein.

Mein Leitmotiv ist Freude, und mein höchstes Ziel heißt Humor. Dieser Humor liegt hinter allem, was du denkst und tust und sagst. Ich gestatte dir, diese Gottesgabe auszudrücken, damit die Welt ein wenig leichter wird und Gott in einem Scherz, einem Lied, einem Witz oder einfach in einem Lächeln erkannt wird.

Du kennst mich bereits - nun bringe mich hervor und erleuchte dein Leben und das aller, denen du begegnest, indem du meine Gegenwart anrufst. Dann erkennen alle, daß Gott Liebe, Freude und höchster Idealismus ist, die sich im Frohsinn des Menschen manifestieren. Freue dich und preise Gott für alles, über das du dich freuen kannst, und erinnere dich an mich, wenn die Mühsal des Lebens dich auf die Knie zwingt, in Dankbarkeit für die Freude, die darauf wartet, für alle hervorgeholt zu werden.

Bergahorn

Findhorn-Naturheiligtum, 9. Mai 1994

Du spürst und fühlst, wie mein Licht aus meinem Zentrum heraus in alle Richtungen strahlt und gleich den Strahlen der Sonne alles wärmt, beleuchtet und enthüllt. So komme ich zu dir. Ich bringe Kraft, wenn die Seele über lange Zeit ausgelaugt wurde, wenn die Gezeiten des Lebens die rauhen Ecken glatt und seidig geschliffen haben, wenn du glaubst, es sei nichts übrig als eine Masse konzentrierten Seins. Dann komme ich, um dich aufzurichten. Das Alte wurde zurückgelassen, das Neue ist noch nicht erkennbar, und hier liegt der Schlüssel - die Essenz dessen zu finden, was bleibt, und sie mit dem Willen des Selbst aufzuladen, damit das Neue aus den Resten des Alten erblühen kann. Diese Qualität ist Weichheit. Weichheit in Verbindung mit der starken Führung der Seele, Glätte verbunden mit dem Wissen um das, was geglättet wurde, ein Werk der Liebe, die das Sein zu einem Objekt von Schönheit und Ganzheit geschliffen hat. Mein Leitmotiv ist Weichheit, und ich strebe nach Flexibilität - nach Offenheit und Fließen im Fluß des Lichts und der Liebe, die Gott im Körper des Menschen ist.

Birke

Findhorn-Naturheiligtum, Himmelfahrtstag,
20. Mai 1993

Ich bin der Engel der Hoffnung für die Zukunft. Mein Sein reicht in die Weiten von Raum und künftiger Zeit. Ich bin in der Einheit von Vergangenheit, Gegenwart und Zukunft. Durch das, was ich bin, kannst du Raum und Zeit dieser Realität transzendieren und in Gebiete der Zukunft und der Vergangenheit reisen. Dort wirst du finden, was ich bin - die Herrlichkeit Gottes, die sich im Universum manifestiert, um gesehen, gehört, berührt und geschmeckt zu werden. Ich bin die alles durchdringende Weite von Raum und Zeit, wo sich die Universen begegnen und die Götter spielen.

Brunnenkresse

›Lebende Maschine‹, Zwillings-Vollmond,
1. Juni 1996

Ich bringe Integrität des Seins durch die Läuterung des Selbst und der Umwelt und lasse das Wesen in seiner Fülle erscheinen. Das Licht der Wahrheit enthüllt die Dunkelheit - die Reinheit der Tiefen wird in vollem Maße gesehen, um als Teil des Ganzen verstanden und integriert zu werden. Durch das Auswaschen des Bodensatzes werden die Kanäle rein und reflektieren klar das Licht der Wahrheit. So ist es, und so wird es sein. Ich kühle das Feuer der Begierde, bringe Ruhe und die fließende Gnade der reinen Gegenwart. Erkenne mich in den Tiefen deines Seins und erlaube dir, dich dem Wunder und der Vollkommenheit von Gottes Herrlichkeit in der manifestierten Welt von Form und Sein hinzugeben. Fließe mit mir zur reinen Quelle des Seins.

Eberesche

Findhorn-Naturheiligtum, 8. Juni 1993

Meine bittersüßen Blüten enthüllen die Wirklichkeit dieser Dualität. Die Süßigkeit folgt erst nach dem bitteren Geschmack des Schmerzes – dem Verstehen des Fehlers, der die Wunde eitern ließ, so daß sie gereinigt werden mußte. Diese Qualität des Lernens durch Schwierigkeiten steht im Einklang mit dem Leitmotiv von ›Harmonie durch Konflikt‹. Die Menschheit begeht diesen Pfad, und meine Essenz ermöglicht und erlaubt ein Verständnis, das in Krisenzeiten Einsichten schenkt und die Kraft gibt, sich zu ergeben und allen Widerstand gegen Veränderungen loszulassen. Muster können geschaffen, aber auch zerbrochen werden, und die Fragmente lassen sich für den Aufbau neuer und richtiger Gedankenformen verwenden, die sich im Einklang mit dem göttlichen Plan manifestieren. Ich unterstütze dich in deinen Bemühungen, dich von allem zu reinigen und zu klären, was nicht das Licht, die Liebe und die Weisheit des göttlichen Plans reflektiert. Ich bin deine Brücke zu Verständnis und Vergebung.

Frauenmantel

(Die Frauenmantel-Essenz besteht aus einer Mischung von Sonnenlicht- und Mondlicht-Essenz.)

Sonnenlicht-Essenz

Findhorn-Garten, 19. Juli 1994

Ich bin der Mantel des Himmels und stehe für den Kosmos voller Sterne. Sie scheinen in der Nacht, doch ihr Mysterium bleibt im Licht des Tages verborgen, damit die Weisheit der Sterne nicht von jenen empfangen wird, die noch nicht bereit sind, das All im Herzen, im Geist und im Sein zu umfangen. Sie spiegeln die Weisheit aller Zeitalter. Sie ermöglichen es dir, dich dieser Weisheit hinzugeben. Laß ihr Licht auf dich strahlen, um die Tiefen deines Unbewußten zu erleuchten. Dort wirst du dein anderes Selbst finden, das du fürchtest und das dich befreien wird. Dies ist mein Geschenk, die Hingabe an die unendliche Liebe und Kraft, die aus dem Kosmos in dein Sein fließt, um dir den Weg zu den Sternenreichen des inneren Seins und der Ganzheit zu zeigen. Sie begrüßen dich in der Wärme unseres Vaters, der Sonne, der der Bräutigam der himmlischen Mutter Kosmos ist, die wir in unser aller Herzen feiern. Fürchte dich nicht, denn die unendlichen Realitäten sind für dich da.

Mondlicht-Essenz

Findhorn-Garten, Vollmond, 22. Juli 1994

Der Mondschein verstärkt meine Präsenz in deinem Sein und bringt das Unbewußte ans Licht des Tages. Das hilft dir, die kosmischen Verbindungen deiner inneren und äußeren Pfade zu begreifen, damit sie miteinander versöhnt werden können. Wenn diese beiden sich begegnen, ohne einander zu kreuzen, entsteht eine Beziehung, die ein strahlendes Kraftfeld erzeugt. Dieses Kraftfeld wird alles an sich ziehen, was sich nach Einheit und Ganzheit sehnt, es wird strahlen und alles beeinflussen, was es berührt. Genauso ist der Magnetismus von Christi Liebe und Licht. Möge die Liebe und Macht der Mutter dich überschatten und deinem ganzen und wahren Selbst eine friedliche Geburt ermöglichen.

Gauklerblume

›Lebende Maschine‹, Findhorn, 13. Juni 1996
(mit Findhorn-Wasser vom
33. Jahrestag der Findhorn-Stiftung)

Laß die Macht und die Kraft der Sonne das Selbst beleuchten. Laß es sprechen: »Das bin ich.« Die Kraft der Persönlichkeit verschmilzt mit der Seele und verkündet ihr Wort machtvoll und furchtlos. So soll es sein, wenn ich zugegen bin und dich anleite, so bewußt zu sein, wie es dir nur möglich ist, und stark und im Einklang mit dem Plan zu handeln, trotz aller Unsicherheit, ob das Selbst sich durchsetzen wird. Laß meine Dominanz herrschen; vertraue und wisse, daß dies dem Plan entspricht: die Kraft und Macht, im Jetzt zu handeln, in diesem Moment. Erlaube meiner Gegenwart, das All zu durchdringen.

Grasnelke

Balfour Bay, Insel Erraid, 27. Mai 1993

Mein Leitmotiv ist die Hingabe an die Kräfte des göttlichen Willens. Dies ist der Wille zum Sein, jene Qualität des Seins, nach der alle streben und die doch nicht durch Streben allein gewonnen werden kann, sondern nur durch den Willen des Gottes, der ist. Mein höchstes Ziel ist das Opfer an Gott – das Geben meines Selbst in vollem Wissen, in umfassender Liebe und im Akzeptieren der Einheit mit allem anderen, allem Sein. Dieses Opfer, das jedem abverlangt wird, ist den Wesen des Unendlichen bekannt, die sich selbst absolut und vollständig, in Liebe und in Freude geben, verbunden mit Myriaden von Lichtarbeitern. Du bist nicht von ihnen verschieden, doch auf der Suche nach der Erfüllung der Wünsche und Begierden deines kleinen Selbst verlierst du dies aus den Augen, bis die Vorsehung dich zurückruft. Meine Essenz bringt dir Seelenfrieden in dem Wissen, daß wir bei diesem Werk eins sind und daß gemeinsam und in Liebe alles erreicht werden kann.

Haselnuß

Findhorn-Fluß und Findhorn-Naturheiligtum,
12. März 1995

Ich überwache die zukünftige Entwicklung deines wahren Potentials. Ich helfe, dein Sein zu entfalten wie die Blüten einer Blume, zu den unendlichen Möglichkeiten deines göttlichen Geburtsrechts. Du bist der Same, der zum vollen Potential des Göttlichen auf der Erde aufbricht. Ich bewirke das Zertrümmern der Schalen, die dich in der Form deiner eigenen Gedankenstruktur einengen. Ich zersprenge die Fesseln, die dich an die Vergangenheit binden. Ich verstreue die Stücke ohne Kummer; der Geist der neuen Entfaltung und des Wachstums lindert wie ein Balsam die schmerzhaften Reste des Vergangenen. Ergib dich mit Freuden. Wirf deine Fesseln und Sorgen ab und springe in den Fluß des Lebens. Laß dich von ihm in neues Leben und zu neuer Schöpfung tragen. Ich bin der Geist der Zukunft. Blicke nicht zurück, sondern schreite vorwärts mit der Zuversicht und Weisheit, die du aus den vergangenen Erfahrungen gewonnen hast. Laß das Herz die Wahrheit der Zukunft sprechen, wenn die Angst vor der Hingabe sich in die Freude und den Segen der Freiheit verwandelt hat. Wir begrüßen dich voll des Staunens und der Freude am Neuen. Erwache zum Leben, erfreue dich an den ständig wechselnden Rhythmen und vertraue der unendlichen Bewegung der kosmischen Wasser. Überlasse dich dem Fluß des Lebens.

Holunder

Findhorn-Naturheiligtum, 19. Juni 1993

Die Süße, die ich bin, schenkt deinem Sein neue Energie. Freude und Fröhlichkeit ziehen ins Herz und in alle Sinne, wenn sie erkennen, was ich bin – süße ewige Jugend. Ich verjünge und erleuchte das Sein auf allen Ebenen. Ich rege an und bringe die Menschen zum Handeln durch das, was ich im tiefsten, innersten Kern anrühre. Diese Qualität bewirkt die Schönheit im Auge des Betrachters. Seht, nun trete ich vor, um meine Gaben zu verteilen, da die Erde sich der unendlichen Schönheit Gottes öffnen muß.

Kiefer

Findhorn-Naturheiligtum, 7./8. Juni 1993

Meine Essenz ist die urtümliche Kraft der Natur, alte Weisheit, die in meiner Gestalt erhalten blieb. Nun ist meine Weisheit für alle da, um an der unendlichen Weisheit teilzuhaben, die Gottes Geschenk an uns ist. Diese Weisheit ist allgegenwärtig, war stets präsent und wird es der Seele ermöglichen, den alten Strom der Erkenntnis zu finden, der allwissend ist. Meine Kraft steht jenen zur Verfügung, die die geheimen Lehren im Selbst und in der Natur suchen. Diese werden den Demütigen und Aufrichtigen geschenkt, auch wenn der Verstand unfähig scheint, sie zu begreifen und zu behalten. Ich bringe die Klarheit von Einsicht, Voraussicht und Rückblick – und all dies gleichzeitig in einem einzigen Augenblick. Ich bin die alte

Wahrheit Gottes, neu geschaffen, um die Vergangenheit und die Zukunft ins ewige Hier und Jetzt zu bringen.

Kugeldistel

Cullerne-Garten, 26. Juli 1994

Jedes Wesen und jedes Reich opfert sich dem nächsthöheren. So bewegt sich alles wie in einem geordneten Tanz nach oben. Der Geist der Hingabe an die höhere Ordnung kann Glück bedeuten – die Erkenntnis, daß ein Opfer bewußt in tiefster Freude und in Frieden geleistet werden kann. Der Schmerz des Loslassens ist gering im Vergleich zur Befreiung des Geistes, der Seele und des Körpers, wenn etwas dem Ganzen der Evolution dient. Alles ist Ganzheit. Wir sind eins. Die Erde ist eins und wird sich selbst opfern, ebenso wie die Sonne (der Sohn). Alles fließt seiner Ordnung gemäß, und die Sphären sind ausgewogen, bis dieses Gleichgewicht sich verändert und die nächste Spirale auftaucht. Das gilt für die Lebensspirale und die Spirale des menschlichen Bewußtseins ebenso wie für das Universum und alles, was ist.

Linde

Findhorn-Naturheiligtum
Einweihung des Universellen Tempels,
22. Juli 1993

Einheit mit dem universellen Geist ist mein Leitmotiv. Ich komme zu euch in dem sicheren Wissen, daß diese Einheit der Schlüssel ist, um euer wahres Selbst zu erschließen. Ich komme heute im Gedenken an die immerwährende Wahrheit und das Licht des göttlichen Geliebten. Dieses Wissen erfüllt und erleuchtet das Sein mit der Gegenwart der universellen Liebe Gottes. Nun komme ich, um die Geburt dieses Bewußtseins im Hier und Jetzt zu verkünden. Der Planet Erde erwacht zur Realität der Liebe und des Lichts Christi. Ich manifestiere die kosmischen Verbindungen dieser Realität auf Erden, damit alle ihre lebendige Gegenwart im Blutkreislauf aller lebenden Wesen erkennen können, auch in den Menschen, die in ihrem Herzen die Mittel haben, dies zur Realität werden zu lassen.

Ich bringe Charakterstärke, Ausdauer und jene Qualitäten, die der Kraft des Geistes erlauben, das Sein zu erleuchten, damit nichts außer Liebe und Licht es mit der Gegenwart des Seins erfüllt. In meiner Gegenwart erkennen alle die unendliche Kraft des universellen Seins. Gesegnet seien jene, die das Licht und die Liebe Gottes in aller Schöpfung erkennen. Gesegnet seien jene, die Gott in ihrem Herzen und Verstand erkennen. Gesegnet seien jene, die diese Realität akzeptieren und sich von ihr in die unendlichen Reiche der universellen Einheit führen lassen.

Lorbeerkirsche

Cluny Hill und Findhorn-Naturheiligtum,
9. Juli 1993

Ich bin ein Wesen, das den Überfluß des Kosmos repräsentiert. Dieser Überfluß entsteht aus meinem Sein und kann nur von denjenigen erkannt und genutzt werden, die weisen Herzens sind. Ich übergebe Gottes Reichtum ans Universum und überschütte euch alle auf der Erde mit meinen göttlichen Blüten, die auf den Boden fallen und die Erde nähren. Meine Samen werden vom Wind getragen, und alles gedeiht. Heil sei dem Gott der Güte, dem ewigen Verstehen, daß der Überfluß des Universums unser ist, um verschenkt und verteilt zu werden.

Malve

Findhorn-Garten, 17. November 1995
(33. Jahrestag der Gründung der Findhorn-Stiftung)

Du spürst, wie sich meine Gegenwart in deinem Herzen ausbreitet. Kannst du mit dem Herzen denken? Das ist dein Ziel und das der ganzen Menschheit - im Herzen den Geist Gottes in Handlung und Tat zu reflektieren. So setzt sich der Wille Gottes durch und manifestiert sich auf der körperlichen Seinsebene. Diese Vereinigung muß sich vollziehen, ehe die Seele sich vollständig in der Einheit von Körper und Seele, Herz und Geist verkörpern kann. Als ein harmonisches Ganzes manifestierst du Gott auf Erden. Eine solche Verschmelzung geschieht nur durch göttliche Gnade. Ich schenke dir diese göttliche Gnade durch meine Präsenz in dir. Gelobt sei dieser Tag, und Ruhm allen Wesen der Engelreiche, die sich mit euch in eurer Einheit vereinen. Gepriesen sei die Einheit aller Dinge.

Meersenf

Weißer Strand, Iona, 10. Juli 1996

Ich habe die Kraft, trotz der offensichtlichen Kargheit meiner Umgebung zu existieren. Der mineralische Quarzsand gibt mir alles, was ich brauche. Ich verwandle die Elemente in das Lebensblut, das meine Systeme ernährt. Trockenheit wird in saftiges Fleisch verwandelt. Ich schätze alles, was mir gegeben wird, und verwandle noch den kleinsten Samen in die vielfältigen Segnungen des Lebens. Wenn die Absicht rein ist, dann steht der Pfad offen, ohne daß man sich selbst weiter bemühen muß. Vertraue in die göttliche Vorsehung, die uns alles gibt, was uns rechtmäßig zusteht. Alles, was wir empfangen, und alles, was wir geben, ist Gottes Geschenk, wie es von Anfang an war. Ich lasse den Ton erklingen, der die Kraft herbeiruft, die alles aus dem Nichts manifestiert. Du trägst diese Kraft in dir; nutze sie klug und mit Ehrfurcht für die Schöpfung. Teile den Überfluß mit selbstlosem Herzen.

Nabelkraut

Druidentempel, Iona, 8. Juli 1996

Blüten aus dem Schatten, in der Zelle des Eremiten bestrahlt; Blüten aus der Sonne, am weißen Strand von Traigh Bhan bestrahlt; Wasser aus dem Brunnen des Nordwindes.

Ich schicke mein Licht in alle Ritzen, wo scheinbare Dunkelheit herrscht. Aber in Wirklichkeit existiert die Dunkelheit zusammen mit dem Licht, um die Wahrheit des Seins zu enthüllen. Ihr schätzt die Dunkelheit nicht. Daraus entspringt die Angst vor dem Unbekannten. Der Hüter der Schwelle kann an jeder Ecke auf dich warten. Warum versteckst du dich also und tust so, als könne es nicht hier und jetzt sein? Auch wenn die Dämonen des Verstands deine Gedanken beherrschen, erinnere dich immer der Wahrheit.

Heiliger Geist, komm zu mir und erfülle mich mit der Gnade deiner Gegenwart, damit ich vollständig werde und meinen göttlichen Geliebten suche, wo immer er ist - selbst in den Schatten der Nacht. Segne mich mit Augen, die sehen und den Geliebten im Herzen der Flamme erkennen, die im Schoß der dunkelsten Materie brennt. Der, den ihr Satan nennt, ist nur eine Spiegelung des Allmächtigen in der Manifestation der dunklen Kräfte. Fürchte nicht die Unterwelt der Formen, denn dort wohnt der, den du in dir selbst zu erkennen suchst. Sonne dich in der allmächtigen Gegenwart des formlosen Lichts.

Schneeglöckchen

Findhorn-Garten, 20. Februar 1994

Freut euch, denn ich komme, um die Ankunft des Neuen zu verkünden. Legt alles Alte ab und begrüßt die Vernichtung der alten, zerfallenden Formen, die nicht mehr nützlich sind. Ich bin das Neue und aus der Asche der heißen Liebe auferstanden, für die ich stehe. Ich habe zwei Gesichter, eines so schrecklich, daß man meine göttliche Natur darin kaum mehr erkennt, und eines so tiefgründig, daß es kaum vorstellbar und glaubhaft ist. Ich bin die unsterbliche, feurige Essenz Gottes, die im Herzen der Menschen, der Tiere und der Pflanzen lebt, im Herzen aller Dinge, die leben und atmen, sich bewegen und sich ins Sein denken. Ich bin das Leben. Ich bin der Tod. Ich bin der feurige Atem Gottes, der nach göttlichem Willen erschafft und vernichtet. Ich teile und trenne, ich verbinde und löse und verschmelze die Energien der Materie, die den Kern des unsterblichen Lebens bildet. Ich bin die ewige Flamme.

Seerose

›Lebende Maschine‹, Findhorn
Vollmond im Zeichen des Zwillings, 1. Juni 1996
Hergestellt unter Verwendung von Wesak-Wasser

Hier bin ich, kühn und wahr. Ich bin auf ewig dein in der Wahrheit des Seins. In der Reinheit des Herzens bringe ich Freude. Geist, der ewig in der Spirale des Seins sich bewegt, manifestiere ich mich hier, jetzt und immerdar. Ich schenke Herzensmut, wenn du an der Erkenntnis des wahren Selbst verzweifelst. Ich erinnere dich an die Gegenwart des Geistes. Ich bin für immer dein im Geiste der Wahrheit und des Seins.

Springkraut

Findhorn-Garten, 19. Juli 1994

Lob und Preis, denn ich komme, um die Essenz meines Vaters in den Schoß der Materie zu tragen. Ich bin aus Liebe geboren und werde in deiner Brust, in deinem Herzen und in den Tiefen deiner weiblichen Seele Früchte tragen. In der tiefsten, üppigsten Dunkelheit werde ich geboren und vereine mich mit dir, damit die Essenz dessen, was ich bin, weitergetragen werden kann. Ich nähre und pflege die menschliche Liebe. Ich bin das Opfer des Selbst ans Höchste, damit der Sohn aus der Vereinigung von Himmel und Erde geboren werden kann. Ich ziehe dich in meine Tiefen und umgebe dich mit dem kostbaren Gefühl der Liebe. Dies ist die Liebe zum Sein, zur Materie in göttlicher Manifestation. Sie enthüllt die Göttin und lädt alle in ihren Schoß der Wunder ein. Ich bin der Schoß der Schöpfung. Laß meine Saaten sich verstreuen, um die Wüsten deiner Seele zu befruchten und mich in den dunkelsten Tiefen zu enthüllen. Lobe den Vater und die Mutter. Mögen sie sich vereinigen und in Harmonie die Frucht meines ewigen Segens und meiner Kreativität tragen. Lob sei dem Sohn, der aus dieser Vereinigung entsteht. Heil sei dem Christuskind im Innern.

Stiefmütterchen

Findhorn-Garten, Vollmond, 23. Juni 1994

Sonne dich in meinen Schwingungen, in meinen strahlenden Kräften, denn ich kläre deinen Kopf und verbinde dich mit deinem Herzen, so daß ein reiner Kanal entsteht, durch den die göttliche Energie frei fließen und dein Sein aufladen kann. Ich erleuchte, reinige und kläre in einem, damit du für die Energien empfänglich wirst, die bisher unerreichbar waren, weil der Fluß durch Störungen behindert und abgelenkt wurde. So verlor er seine Kraft und sein Ziel und konnte die Verbindung nicht beleben, durch die Empfänglichkeit, Sensibilität und Kontakt möglich werden. Dies wird dir geschenkt durch die Essenz dessen, was ich bin. Ich öffne dir Augen, Herz und Geist für den unendlichen Fluß der göttlichen Liebe ins Zentrum deines Seins. Dort fließt sie ins Blut, erfüllt es mit Leben und verteilt sich in alle Gliedmaßen, damit dein ganzes Wesen meine Gegenwart erkennt. Fürwahr, meine Gegenwart durchdringt alles. Erkenne dich selbst. Sei du selbst.

Sumpfherzblatt

Blackhills und The Hollow, 20. September 1994
Mondlichtbestrahlung bei Vollmond

Wir steigen hoch auf den Mondstrahlen der Liebe und bringen dir höchste Freude durch den Anblick vollkommener irdischer und himmlischer Vereinigung sowie Gelassenheit und absoluten Frieden durch die Verwandlung von Macht in Liebe. Dieser alchemistische Prozeß benötigt das kühle Licht der reflektierten Sonne, feine, süße Weiblichkeit, Sanftheit und Subtilität. Meine Gegenwart beleuchtet die unbewußten Wünsche und bringt sie ans Licht des Tages. Dort spielt das Licht mit meiner Gestalt, filtert die starken Sonnenstrahlen, entzieht ihnen die Macht und verteilt sie, bis sie zu einem sanften Fluß von Schwingungen werden, die auch von zarten, schwachen, weichen und jungen Lebewesen genutzt werden können. Im Herzen wird die Liebe geboren. Das Licht wird in nutzbaren Proportionen entzogen und zu reiner Liebe kondensiert. (Die Macht der Liebe ist das höchste Gut, denn sie ermöglicht es allen mit dem Bedürfnis nach ›Vergeistigung‹, in Wahrheit und Licht zu sein und mit dieser Macht alle zu berühren.) Entfalte meine Kraft und Liebe in dir.

Öffne dich für den Ausdruck dessen, was ich bin, und ich werde in dir Segen und Frieden verbreiten, Kraft und Liebe. Ich entfalte mich, um alle Möglichkeiten zu offenbaren. Ich heile deine Seele, wenn starke Gefühle dich bedrücken, und richte dich auf, damit die Liebe sich in deinem Herzen, deinem Geist und deiner Seele entfalten und vielfältig ausdrücken kann. Meine Gaben sind ewige Heiterkeit und Gnade. Freue dich und danke den Wassern des Lebens, die mich hervorbringen, und freue dich an meiner Gegenwart wie Kinder, die im Regen tanzen. Laß mich dich umspülen und dir meinen Frieden und meine Freude bringen.

Weißdorn

Findhorn-Naturheiligtum, Ostersonntagmorgen 1993

In der Menschheit wird die Geburt Christi manifestiert durch das, was ich bin. Ich habe die Kraft und die Liebe zur Verwandlung. Im Zustand der Gnade werde ich im Herzen geboren. Die Entfaltung dessen, was ich bin, wird sichtbar durch die Verwandlung des Seins vom Schlaf in den Traumzustand. Dieser Übergang bedeutet ein Erwachen des Lichts und der Liebe zur Wahrheit im tiefen Unbewußten. Die Realität meines Seins verkündet die Ankunft der Christus-Energien in den Herzen und Köpfen der Menschheit. Ich bin die totale Versenkung in die Liebe Christi, der im Herzen der Menschen geboren wird. Sei, was ich bin: Liebe. Ich werde geboren, wenn der Schoß fruchtbar ist, wenn die Zeit reif ist, so wie der Christus aus der Vereinigung von Himmel und Erde, von Mann und Frau, von Herz und Verstand geboren wird. Das ist die Essenz dessen, was ich bin. Der Leib ist auferstanden, und ich werde geboren - Geist im Menschen und Mensch im Geist. Mein höchstes Ziel ist die Schöpfung - das Wort Gottes, das sich auf Erden manifestiert.

Weiße Rose

Findhorn-Garten, Vollmond im Zeichen des Löwen,
21. Juli 1994

Ich bin das Sprachrohr Gottes. Ich bin uralt. Ich bin allwissend. Ich halte das heilige Szepter und das heilige Schwert. Ich bin der Herrscher der Schöpfung. Ich bin die Macht des Universums. Ich bin der inkarnierte Vater.

Anhang

Stichwortverzeichnis der Einsatzmöglichkeiten

Auferstehung	Schneeglöckchen, Seerose, Offenbarung
Aufgeben	Grasnelke, Haselnuß, Kugeldistel, Schneeglöckchen, Seerose, Offenbarung
Aufheiterung	Baldrian, Bergahorn, Eberesche, Holunder, Stechginster, Sumpfherzblatt, Offenbarung
Aufmerksamkeit	Besenginster, Frauenmantel, Gänseblümchen, Stiefmütterchen
Ausdauer	Bergahorn, Kratzdistel, Kugeldistel, Schneeglöckchen
Ausgebranntsein	Bergahorn, Besenginster, Grasnelke, Holunder, Stiefmütterchen, Lebenskraft
Ausgedörrtsein	Bergahorn, Besenginster, Holunder, Meersenf, Lebenskraft
Ausgewogenheit	Glockenblume, Grasnelke, Kugeldistel, Stiefmütterchen, Spirituelle Hochzeit
Auslöschung	Brunnenkresse, Haselnuß, Kuckucksblume, Mauerpfeffer, Sumpfherzblatt
Ausrichtung	Apfel, Glockenblume, Malve, Weiße Rose, Klares Licht, Heiliger Gral
Ausschweifungen	Apfel, Brunnenkresse, Gänsefingerkraut, Kugeldistel
Außerkörperlichkeit	Birke, Frauenmantel, Grauheide, Schlüsselblume, Springkraut
Ausstrahlung	Kugeldistel, Schneeglöckchen, Stiefmütterchen
Autorität	Gauklerblume, Weidenröschen, Weiße Rose

B

Bedingungslose Liebe	Eberesche, Linde, Schlüsselblume, Weißdorn
Befreiung	Eberesche, Haselnuß, Kugeldistel, Mauerpfeffer, Schneeglöckchen, Seerose, Klares Karma, Offenbarung
Begierde	Apfel, Grasnelke, Nabelkraut, Springkraut
Belästigung	Eberesche, Gänseblümchen, Nabelkraut, Schlüsselblume, Springkraut, Weißdorn
Beobachter	Birke, Frauenmantel, Nabelkraut
Beredsamkeit	Malve, Weißdorn, Weiße Rose
Besänftigung	Bergahorn, Schlüsselblume, Sumpfherzblatt, Erste Hilfe
Bescheidenheit	Apfel, Brunnenkresse, Gänsefingerkraut, Kugeldistel, Meersenf

Beschränkung	Mauerpfeffer, Schlüsselblume, Stiefmütterchen, Weißdorn
Besessenheit	Birke, Gänseblümchen, Gauklerblume, Glockenblume, Grasnelke, Haselnuß, Kratzdistel, Nabelkraut, Malve, Sumpfherzblatt, Weißdorn
Bewußtsein	Birke, Frauenmantel, Kiefer, Nabelkraut, Stiefmütterchen, Klares Licht, Heiliger Gral
Bewußtsein, planetarisches	Erhabenheit, Kugeldistel, Linde, Weiße Rose
Beziehungen	Grasnelke, Linde, Malve, Schlüsselblume, Springkraut, Stechginster, Weißdorn, Spirituelle Hochzeit
Bindung	Apfel, Eberesche, Glockenblume, Haselnuß, Mauerpfeffer, Meersenf, Springkraut, Weißdorn, Spirituelle Hochzeit, Klares Karma
Bindungslosigkeit	Apfel, Haselnuß, Kugeldistel, Schneeglöckchen, Offenbarung
Bitterkeit	Eberesche, Schlüsselblume, Klares Karma
Blockaden	Brunnenkresse, Grasnelke, Kuckucksblume, Stiefmütterchen
Bösartigkeit	Gänseblümchen, Kratzdistel, Nabelkraut
Burnout	Bergahorn, Besenginster, Grasnelke, Holunder, Stiefmütterchen, Lebenskraft

C

Channel	Grasnelke, Kiefer, Kuckucksblume, Schlüsselblume, Stiefmütterchen, Klares Licht, Klares Karma
Channelling	Birke, Grasnelke, Kiefer, Stiefmütterchen, Weiße Rose, Klares Licht

D

Demut	Apfel, Eberesche, Gänsefingerkraut, Kugeldistel, Linde, Nabelkraut, Sumpfherzblatt, Weidenröschen
Denken	Frauenmantel, Haselnuß, Stechginster, Stiefmütterchen
Denkmuster	Birke, Frauenmantel, Haselnuß, Nabelkraut
Depression	Nabelkraut, Schneeglöckchen, Weißdorn, Erste Hilfe
Destruktivität	Eberesche, Schneeglöckchen

Dienstbarkeit	Apfel, Kugeldistel, Lorbeerkirsche, Weiße Rose
Diskriminierung	Linde, Nabelkraut, Weiße Rose
Disziplin	Apfel, Gänsefingerkraut, Kugeldistel, Nabelkraut, Weiße Rose
Dogmatismus	Birke, Malve, Weiße Rose
Dominanz	Gauklerblume, Linde, Weidenröschen, Weiße Rose
Drogensucht	Apfel, Gänseblümchen, Grasnelke
Dunkelheit	Nabelkraut, Schneeglöckchen, Seerose
Dunkle Nacht der Seele	Kratzdistel, Nabelkraut, Schneeglöckchen, Seerose
Durchbruch	Haselnuß, Mauerpfeffer, Schneeglöckchen, Weißdorn

E

Effektivität	Apfel, Gauklerblume, Haselnuß
Egozentrik	Gänsefingerkraut, Knabenkraut, Linde, Weidenröschen
Ehe	Grasnelke, Malve, Springkraut, Spirituelle Hochzeit
Ehrlichkeit	Apfel, Malve, Weiße Rose
Eifersucht	Eberesche, Weißdorn, Klares Karma
Einsamkeit	Linde, Mauerpfeffer, Springkraut, Sumpfherzblatt, Weißdorn
Einschüchterung	Gauklerblume, Nabelkraut, Weidenröschen, Weiße Rose
Einsicht	Birke, Frauenmantel, Kiefer, Stechginster, Weiße Rose, Klares Licht, Klares Karma
Einstimmung	Kiefer, Kugeldistel, Malve, Sumpfherzblatt, Weiße Rose, Heiliger Gral
Elternschaft	Gänseblümchen, Gauklerblume, Springkraut, Weißdorn, Weiße Rose
Emotionalkörper	Gänseblümchen, Grauheide, Sumpfherzblatt
Empfänglichkeit	Bergahorn, Frauenmantel, Grasnelke, Malve, Stiefmütterchen, Sumpfherzblatt, Klares Licht
Energie	Besenginster, Grasnelke, Holunder, Stiefmütterchen, Lebenskraft
Engstirnigkeit	Birke, Frauenmantel, Gänsefingerkraut, Knabenkraut, Linde
Entfremdung	Eberesche, Linde, Malve, Mauerpfeffer, Schlüsselblume, Seerose, Springkraut, Weißdorn

Enthusiasmus	Baldrian, Bergahorn, Besenginster, Holunder, Lebenskraft
Entmutigung	Bergahorn, Haselnuß, Kugeldistel, Schlüsselblume
Entscheidungen	Besenginster, Kiefer, Klares Licht
Entschiedenheit	Apfel, Gauklerblume, Haselnuß, Weiße Rose
Entspannung	Baldrian, Bergahorn, Haselnuß, Schlüsselblume, Springkraut
Erdverbundenheit	Gänsefingerkraut, Grauheide, Meersenf, Springkraut
Erfindungsreichtum	Gauklerblume, Glockenblume, Lorbeerkirsche, Meersenf
Erfüllung	Apfel, Gauklerblume, Haselnuß, Lorbeerkirsche
Erholung	Bergahorn, Brunnenkresse, Grasnelke, Holunder, Kugeldistel, Meersenf, Stechginster, Lebenskraft
Erinnerung	Frauenmantel, Stechginster, Stiefmütterchen, Klares Licht
Erleichterung	Birke, Frauenmantel, Nabelkraut, Stechginster, Stiefmütterchen, Klares Licht
Erleuchtung	Seerose, Weiße Rose, Klares Licht, Wesak-Segen
Erneuerung	Bergahorn, Brunnenkresse, Holunder, Nabelkraut, Schneeglöckchen, Lebenskraft
Ernsthaftigkeit	Baldrian, Gänseblümchen, Kugeldistel
Erschöpfung	Bergahorn, Besenginster, Brunnenkresse, Holunder, Lebenskraft
Erste Hilfe	Erste Hilfe
Erwachen, spirituelles	Grasnelke, Nabelkraut, Seerose, Spirituelle Hochzeit, Erste Hilfe
Exhibitionismus	Springkraut

F

Fanatismus	Linde, Nabelkraut, Weidenröschen, Weiße Rose
Feindseligkeit	Eberesche, Linde, Weidenröschen, Klares Karma
Finanzen	Glockenblume, Lorbeerkirsche, Meersenf
Flexibilität	Bergahorn, Haselnuß, Kugeldistel, Weiße Rose

Fokus	Birke, Frauenmantel, Malve, Stechginster, Stiefmütterchen
Freiheit	Haselnuß, Kugeldistel, Schneeglöckchen, Offenbarung
Freude	Baldrian, Besenginster, Gänseblümchen, Haselnuß, Holunder, Springkraut, Sumpfherzblatt, Offenbarung
Frieden	Baldrian, Brunnenkresse, Kugeldistel, Linde, Schlüsselblume, Sumpfherzblatt
Frieden, innerer	Schlüsselblume, Sumpfherzblatt, Klares Licht
Frigidität	Besenginster, Gänseblümchen, Holunder, Springkraut, Sumpfherzblatt, Weißdorn
Fruchtbarkeit	Meersenf, Springkraut, Sumpfherzblatt, Weißdorn
Frugalität	Gänsefingerkraut, Meersenf
Frustration	Gauklerblume, Haselnuß, Knabenkraut, Mauerpfeffer, Weiße Rose
Führerschaft	Apfel, Lorbeerkirsche, Weiße Rose
Furchtsamkeit	Gänseblümchen, Gauklerblume, Holunder, Sumpfherzblatt
Fürsorge	Kugeldistel, Springkraut, Weißdorn

G

Ganzheitlichkeit	Kugeldistel, Heiliger Gral
Gebrochenes Herz	Eberesche, Schlüsselblume, Sumpfherzblatt, Weißdorn, Klares Karma
Geburt	Haselnuß, Springkraut, Sumpfherzblatt, Weißdorn
Geist	Birke, Frauenmantel, Malve, Stechginster, Stiefmütterchen, Weiße Rose, Klares Licht
Geistesabwesenheit	Besenginster, Birke, Frauenmantel, Stiefmütterchen
Geistige Klarheit	Birke, Frauenmantel, Stechginster, Stiefmütterchen, Klares Licht
Gelassenheit	Brunnenkresse, Gänseblümchen, Grauheide, Schlüsselblume, Sumpfherzblatt, Erste Hilfe
Geld	Glockenblume, Lorbeerkirsche, Meersenf
Gemeinschaft	Apfel, Kugeldistel, Linde, Lorbeerkirsche
Getrenntsein	Grasnelke, Linde, Mauerpfeffer, Seerose, Springkraut
Gewalt	Kratzdistel, Nabelkraut, Schlüsselblume, Weidenröschen, Erste Hilfe

H

Herz, gebrochenes	Eberesche, Schlüsselblume, Sumpfherzblatt, Weißdorn, Klares Karma
Hilflosigkeit	Gänseblümchen, Gauklerblume, Grauheide, Sumpfherzblatt
Hindernisse	Eberesche, Frauenmantel, Gauklerblume, Nabelkraut, Springkraut, Sumpfherzblatt, Weißdorn, Weiße Rose
Hingabe	Grasnelke, Haselnuß, Kugeldistel, Schneeglöckchen, Seerose, Offenbarung
Hochmut	Linde, Weidenröschen, Weiße Rose
Höheres Selbst	Apfel, Birke, Gauklerblume, Malve, Nabelkraut, Weiße Rose, Klares Licht, Offenbarung
Hoffnung	Besenginster, Schneeglöckchen, Weiße Rose
Höherer Wille	Apfel, Malve, Weiße Rose
Humanität	Kugeldistel, Linde
Hypersensibilität	Gänseblümchen, Gauklerblume, Schlüsselblume, Sumpfherzblatt
Hysterie	Gänseblümchen, Schlüsselblume, Stiefmütterchen, Sumpfherzblatt, Erste Hilfe

I

Illusion	Birke, Frauenmantel, Kiefer, Nabelkraut, Stechginster
Impotenz	Apfel, Besenginster, Haselnuß, Kratzdistel, Weidenröschen, Weiße Rose
Individualität	Gauklerblume, Haselnuß, Weiße Rose
Inflexibilität	Kugeldistel, Mauerpfeffer, Weiße Rose
Inkarnation	Mauerpfeffer, Schlüsselblume, Springkraut
Innere Führung	Gauklerblume, Kiefer, Weiße Rose, Klares Licht
Innerer Frieden	Schlüsselblume, Sumpfherzblatt, Klares Licht
Innerer Konflikt	Eberesche, Kiefer, Nabelkraut, Schlüsselblume, Klares Karma
Inneres Hören	Frauenmantel, Kiefer, Klares Licht
Inneres Kind	Gänseblümchen, Gauklerblume, Grauheide, Holunder, Springkraut, Sumpfherzblatt
Inspiration	Birke, Stechginster, Klares Licht, Offenbarung
Instinkt	Frauenmantel, Gänsefingerkraut
Integration	Frauenmantel, Stechginster, Spirituelle Hochzeit, Heiliger Gral

Integrität	Gänsefingerkraut, Malve, Sumpfherzblatt
Intellekt	Frauenmantel, Stechginster, Klares Licht
Intimität	Besenginster, Springkraut, Sumpfherzblatt, Weißdorn, Spirituelle Hochzeit
Intoleranz	Linde, Malve, Weidenröschen
Introspektion	Birke, Frauenmantel, Knabenkraut, Linde, Malve
Introvertiertheit	Baldrian, Birke, Frauenmantel, Gauklerblume, Knabenkraut, Sumpfherzblatt
Intuition	Birke, Frauenmantel, Kiefer, Malve, Stechginster, Weiße Rose, Klares Licht
Isolation	Linde, Mauerpfeffer, Seerose, Springkraut, Weißdorn

K

Karma	Birke, Eberesche, Nabelkraut, Klares Karma
Katharsis	Brunnenkresse, Eberesche, Kuckucksblume, Weidenröschen, Klares Karma
Kind	Baldrian, Gänseblümchen, Grauheide, Sumpfherzblatt
Kind, inneres	Gänseblümchen, Gauklerblume, Grauheide, Holunder, Springkraut, Sumpfherzblatt
Klarheit	Besenginster, Birke, Kiefer, Malve, Meersenf, Stiefmütterchen, Klares Licht
Klarheit, geistige	Birke, Frauenmantel, Stechginster, Stiefmütterchen, Klares Licht
Ko-Abhängigkeit	Brunnenkresse, Eberesche, Gauklerblume, Haselnuß, Kugeldistel, Springkraut, Klares Karma
Kommunikation	Besenginster, Frauenmantel, Stiefmütterchen, Weiße Rose, Klares Licht
Konflikt	Bergahorn, Eberesche, Grauheide, Malve, Schlüsselblume, Sumpfherzblatt, Erste Hilfe
Konflikt, innerer	Eberesche, Kiefer, Nabelkraut, Schlüsselblume, Klares Karma
Kongruenz	Eberesche, Kugeldistel, Malve, Weidenröschen
Kontrolle	Gänseblümchen, Haselnuß, Weidenröschen, Weiße Rose
Konzentration	Besenginster, Frauenmantel, Stiefmütterchen, Klares Licht

Kooperation	Frauenmantel, Linde, Malve
Koordination	Besenginster, Frauenmantel, Stiefmütterchen
Kreativität	Knabenkraut, Weißdorn, Weiße Rose
Krisen	Grauheide, Kratzdistel, Schlüsselblume, Erste Hilfe
Kritik	Eberesche, Gauklerblume, Knabenkraut, Weidenröschen, Weiße Rose
Kühnheit	Apfel, Gauklerblume, Haselnuß, Weiße Rose
Kummer	Kugeldistel, Schneeglöckchen, Sumpfherzblatt, Erste Hilfe, Offenbarung
Kundalini	Apfel, Grasnelke, Stiefmütterchen

L

Lachen	Baldrian, Besenginster
Langlebigkeit	Bergahorn, Holunder, Stechginster
Läuterung	Brunnenkresse, Kuckucksblume, Stiefmütterchen
Lebendigkeit	Besenginster, Holunder, Stiefmütterchen, Lebenskraft
Lebenskraft	Bergahorn, Grasnelke, Holunder, Stechginster, Stiefmütterchen, Sumpfherzblatt, Lebenskraft
Lebenssinn	Apfel, Haselnuß, Offenbarung
Legasthenie	Besenginster, Frauenmantel
Lehren	Frauenmantel, Kiefer, Lorbeerkirsche, Stechginster, Weiße Rose, Klares Licht
Leichtigkeit	Baldrian, Gänseblümchen, Holunder, Schneeglöckchen, Offenbarung
Leiden	Kugeldistel, Schlüsselblume, Schneeglöckchen, Seerose, Erste Hilfe, Klares Karma
Leidenschaft	Baldrian, Springkraut, Stechginster, Sumpfherzblatt, Weiße Rose
Lernen	Frauenmantel, Kiefer, Stechginster, Klares Licht
Lethargie	Apfel, Bergahorn, Grasnelke, Haselnuß, Holunder, Stechginster, Stiefmütterchen, Lebenskraft
Libidoanregung	Springkraut, Stechginster, Weißdorn, Weiße Rose
Licht	Birke, Nabelkraut, Seerose, Stechginster, Stiefmütterchen, Sumpfherzblatt, Klares Licht

Liebe	Malve, Schlüsselblume, Springkraut, Sumpfherzblatt, Heiliger Gral
Loslassen	Eberesche, Haselnuß, Mauerpfeffer, Offenbarung
Lust	Apfel, Nabelkraut, Springkraut, Sumpfherzblatt

M

Macht	Apfel, Gauklerblume, Kratzdistel, Linde, Sumpfherzblatt, Weidenröschen, Weiße Rose
Machtmißbrauch	Weidenröschen, Weiße Rose
Makellosigkeit	Kugeldistel, Nabelkraut, Sumpfherzblatt, Weiße Rose
Mängel	Glockenblume, Meersenf
Manie	Gänseblümchen, Grauheide, Kratzdistel, Nabelkraut, Schlüsselblume, Stiefmütterchen, Erste Hilfe
Manifestation	Glockenblume, Lorbeerkirsche, Meersenf
Manipulation	Nabelkraut, Weidenröschen, Weiße Rose
Männlich - weiblich	Malve, Sumpfherzblatt, Spirituelle Hochzeit
Männlichkeit	Weiße Rose
Märtyrertum	Baldrian, Eberesche, Gauklerblume, Kugeldistel, Linde
Mäßigkeit	Apfel, Brunnenkresse, Grasnelke, Kugeldistel, Nabelkraut, Weidenröschen
Materialismus	Brunnenkresse, Gänsefingerkraut, Glockenblume, Lorbeerkirsche, Meersenf
Meditation	Frauenmantel, Kiefer, Stechginster, Stiefmütterchen, Klares Licht
Melancholie	Baldrian, Eberesche, Knabenkraut, Sumpfherzblatt
Menopause	Holunder, Mauerpfeffer, Meersenf, Weißdorn
Miasmen	Brunnenkresse, Eberesche, Klares Karma
Minderwertigkeit	Gauklerblume, Grauheide, Linde, Weißdorn
Mißbrauch, verbaler	Weidenröschen, Weiße Rose
Mißtrauen	Grauheide, Linde, Nabelkraut, Weißdorn
Mitgefühl	Kugeldistel, Schlüsselblume, Weißdorn, Klares Karma
Moral	Springkraut, Sumpfherzblatt
Motivation	Apfel, Gauklerblume, Haselnuß, Stechginster, Weiße Rose

Müdigkeit	Baldrian, Bergahorn, Besenginster, Grasnelke, Holunder, Lebenskraft
Mut	Kratzdistel, Nabelkraut, Schlüsselblume, Seerose, Erste Hilfe
Mutter	Springkraut, Sumpfherzblatt, Heiliger Gral

N

Nähren	Holunder, Meersenf, Springkraut, Weißdorn
Natur, Einstimmung in	Gänsefingerkraut, Springkraut
Negativität	Eberesche, Knabenkraut, Nabelkraut, Schneeglöckchen
Nervosität	Baldrian, Bergahorn, Gänseblümchen, Gauklerblume, Grauheide, Schlüsselblume, Stiefmütterchen, Sumpfherzblatt, Erste Hilfe
Niederes Selbst	Apfel, Gänsefingerkraut, Grasnelke, Weidenröschen
Niedergeschlagenheit	Springkraut, Weißdorn
Nörgelei	Eberesche, Gauklerblume, Weidenröschen
Nostalgie	Haselnuß, Knabenkraut
Notlage	Grauheide, Kratzdistel, Schlüsselblume, Erste Hilfe

O

Öffentliches Reden	Frauenmantel, Gauklerblume, Kiefer, Stechginster, Weißdorn, Weiße Rose, Klares Licht
Offenbarung	Frauenmantel, Mauerpfeffer, Offenbarung
Offenheit	Bergahorn, Kiefer, Meersenf, Springkraut, Stiefmütterchen, Sumpfherzblatt, Weißdorn
Opfer	Eberesche, Gauklerblume, Grauheide, Kugeldistel, Linde, Meersenf, Sumpfherzblatt
Opfermut	Apfel, Kugeldistel
Optimismus	Baldrian, Bergahorn, Haselnuß, Knabenkraut, Schneeglöckchen

P

Panik	Eberesche, Schlüsselblume, Schneeglöckchen, Sumpfherzblatt, Erste Hilfe, Klares Karma
Paranoia	Birke, Gänseblümchen, Nabelkraut
Perfektionismus	Knabenkraut, Heiliger Gral
Pessimismus	Haselnuß, Knabenkraut, Nabelkraut

S

Sanftheit	Bergahorn, Springkraut, Sumpfherzblatt, Weißdorn
Sarkasmus	Knabenkraut, Linde, Weidenröschen, Weiße Rose
Scham	Eberesche, Nabelkraut, Springkraut
Schattenselbst	Frauenmantel, Nabelkraut
Scheidung	Haselnuß, Mauerpfeffer, Schneeglöckchen, Weißdorn, Offenbarung, Spirituelle Hochzeit
Scheitern	Baldrian, Besenginster, Grauheide, Haselnuß
Schicksal	Haselnuß
Schlaf	Frauenmantel, Schlüsselblume, Erste Hilfe
Schlampigkeit	Baldrian, Bergahorn, Grasnelke, Holunder, Mauerpfeffer, Stechginster, Sumpfherzblatt, Lebenskraft
Schlichtheit	Baldrian, Gänseblümchen, Gänsefingerkraut
Schmerz	Eberesche, Schlüsselblume, Sumpfherzblatt, Erste Hilfe, Klares Karma
Schock	Gänseblümchen, Grauheide, Kratzdistel, Schlüsselblume, Erste Hilfe
Schönheit	Holunder, Knabenkraut, Seerose, Sumpfherzblatt
Schrecken	Kratzdistel, Nabelkraut, Schlüsselblume, Erste Hilfe
Schreiben	Knabenkraut, Stechginster, Weißdorn, Weiße Rose, Klares Licht
Schüchternheit	Gänseblümchen, Gauklerblume, Holunder, Sumpfherzblatt
Schuld	Eberesche, Nabelkraut
Schutz	Brunnenkresse, Gänseblümchen, Nabelkraut, Weiße Rose, Erste Hilfe
Schwäche	Apfel, Bergahorn, Brunnenkresse, Grauheide, Kratzdistel, Kugeldistel, Meersenf, Sumpfherzblatt
Schwerfälligkeit	Baldrian, Bergahorn, Holunder, Mauerpfeffer, Stechginster
Sehnsucht	Haselnuß, Kugeldistel, Springkraut, Offenbarung
Seinswille	Grasnelke, Kratzdistel, Schneeglöckchen, Springkraut
Selbst, höheres	Apfel, Birke, Gauklerblume, Malve, Nabelkraut, Weiße Rose, Klares Licht, Offenbarung

Selbst, niederes	Apfel, Gänsefingerkraut, Grasnelke, Weidenröschen
Selbstakzeptanz	Gauklerblume, Holunder, Nabelkraut, Springkraut
Selbstausdruck	Besenginster, Gauklerblume, Knabenkraut, Springkraut, Sumpfherzblatt, Weißdorn, Weiße Rose
Selbstbestrafung	Eberesche, Nabelkraut
Selbstbewußtsein	Frauenmantel, Gänsefingerkraut, Nabelkraut
Selbstfürsorge	Baldrian, Besenginster, Meersenf, Springkraut
Selbstkritik	Gauklerblume, Holunder, Springkraut, Weißdorn
Selbstliebe	Springkraut, Sumpfherzblatt, Weißdorn
Selbstmitleid	Eberesche, Kugeldistel
Selbstmordgedanken	Kratzdistel, Schlüsselblume, Schneeglöckchen, Weißdorn, Erste Hilfe
Selbstsabotage	Knabenkraut, Kugeldistel, Nabelkraut
Selbstsicherheit	Apfel, Gauklerblume, Grauheide, Haselnuß, Kratzdistel, Weiße Rose
Selbstsucht	Gänsefingerkraut, Kugeldistel, Weidenröschen
Selbsttäuschung	Eberesche, Frauenmantel, Kiefer, Nabelkraut
Selbstvergebung	Birke, Eberesche, Sumpfherzblatt, Klares Karma
Selbstverherrlichung	Weidenröschen, Weiße Rose
Selbstvernachlässigung	Baldrian, Brunnenkresse, Kugeldistel, Springkraut
Selbstvertrauen	Gauklerblume, Grauheide, Holunder
Selbstverwirklichung	Gänsefingerkraut, Gauklerblume, Haselnuß
Selbstvorwürfe	Eberesche, Gauklerblume, Weiße Rose, Klares Karma
Selbstwertgefühl	Gauklerblume, Grauheide, Holunder
Selbstzerstörung	Brunnenkresse, Eberesche, Grasnelke, Kugeldistel, Nabelkraut
Senilität	Birke, Frauenmantel, Gänseblümchen, Stiefmütterchen, Sumpfherzblatt
Sensibilität	Baldrian, Frauenmantel, Gänseblümchen, Springkraut, Stiefmütterchen, Sumpfherzblatt,
Sexualität	Apfel, Eberesche, Grasnelke, Kugeldistel, Springkraut, Weißdorn, Erste Hilfe, Klares Karma

Sicherheit	Gänsefingerkraut, Glockenblume, Haselnuß, Kugeldistel, Meersenf
Sinnlichkeit	Bergahorn, Besenginster, Holunder, Springkraut, Sumpfherzblatt, Weißdorn
Skeptizismus	Frauenmantel, Gänsefingerkraut, Linde, Schlüsselblume
Sorgen	Baldrian, Birke, Schlüsselblume
Sorgen, ständige	Baldrian, Gauklerblume, Grauheide
Sorgfalt	Baldrian, Gänsefingerkraut
Spannungen	Baldrian, Bergahorn, Eberesche, Schlüsselblume, Stiefmütterchen, Erste Hilfe
Spaß	Baldrian, Besenginster, Gänseblümchen, Offenbarung
Spontaneität	Baldrian, Stechginster
Sprechen	Malve, Weiße Rose
Stabilität	Grasnelke, Grauheide, Kugeldistel, Stiefmütterchen, Erste Hilfe, Spirituelle Hochzeit
Stadtstreß	Baldrian, Bergahorn, Gänseblümchen, Grauheide, Stiefmütterchen, Sumpfherzblatt
Stärke	Bergahorn, Brunnenkresse, Gauklerblume, Grauheide, Kratzdistel, Kugeldistel, Nabelkraut, Lebenskraft
Stärkung	Apfel, Gauklerblume, Kratzdistel, Lorbeerkirsche, Sumpfherzblatt, Weidenröschen, Weiße Rose
Starrheit	Eberesche, Haselnuß, Kugeldistel, Linde, Mauerpfeffer, Weiße Rose
Steckenbleiben	Grasnelke, Haselnuß, Knabenkraut, Mauerpfeffer, Offenbarung
Stimmungsumschwünge	Gänseblümchen, Grauheide, Meersenf, Stiefmütterchen
Stolz	Holunder, Linde, Nabelkraut, Weiße Rose
Streß	Bergahorn, Grauheide, Holunder, Mauerpfeffer
Studieren	Birke, Frauenmantel, Gänseblümchen, Kiefer, Stechginster, Klares Licht
Stumpfheit	Baldrian, Bergahorn, Besenginster, Birke, Holunder, Stechginster, Stiefmütterchen
Substanzmißbrauch	Apfel, Brunnenkresse, Grasnelke, Haselnuß, Kuckucksblume, Kugeldistel, Nabelkraut, Schneeglöckchen
Süchte	Apfel, Haselnuß, Kugeldistel, Schneeglöckchen

U

Überarbeitung	Baldrian, Bergahorn, Gänsefingerkraut, Grasnelke, Kugeldistel
Überfluß	Glockenblume, Lorbeerkirsche, Meersenf
Überfürsorglichkeit	Baldrian, Birke, Kugeldistel, Schlüsselblume
Übergang	Haselnuß, Mauerpfeffer, Schneeglöckchen, Offenbarung
Überleben	Gänsefingerkraut, Kratzdistel, Meersenf
Überlegenheit	Apfel, Linde, Weidenröschen, Weiße Rose
Überwältigung	Frauenmantel, Gänseblümchen, Grasnelke, Linde
Unentschiedenheit	Gänseblümchen, Kiefer, Stechginster, Klares Licht
Unentschlossenheit	Gänseblümchen, Springkraut, Sumpfherzblatt
Unfall (Trauma)	Erste Hilfe
Ungerechtigkeit	Eberesche, Linde, Schlüsselblume, Weiße Rose, Klares Karma
Universelle Liebe	Erhabenheit, Linde, Schlüsselblume
Universeller Geist	Birke, Klares Licht, Wesak-Segen
Unreife	Gänseblümchen, Gänsefingerkraut, Sumpfherzblatt
Unruhe	Baldrian, Gänseblümchen, Haselnuß, Stiefmütterchen
Unschuld	Baldrian, Gänseblümchen, Gänsefingerkraut, Sumpfherzblatt
Unsensibilität	Malve, Springkraut, Stiefmütterchen, Sumpfherzblatt, Weidenröschen, Weiße Rose
Unsicherheit	Gänseblümchen, Grauheide, Meersenf, Sumpfherzblatt, Weiße Rose
Unsterblichkeit	Holunder, Schneeglöckchen, Weiße Rose
Unterdrückung	Eberesche, Gauklerblume, Linde, Nabelkraut, Springkraut, Sumpfherzblatt, Weidenröschen, Weißdorn, Weiße Rose
Unterwerfung	Apfel, Grasnelke, Kugeldistel, Nabelkraut, Weidenröschen
Unverantwortlichkeit	Baldrian, Gänseblümchen, Gänsefingerkraut, Linde, Sumpfherzblatt, Weiße Rose,
Unverbundenheit	Gänsefingerkraut, Grasnelke, Kiefer, Stiefmütterchen
Unzuverlässigkeit	Gänseblümchen, Gänsefingerkraut, Grauheide, Kugeldistel, Nabelkraut
Ursachen	Birke, Eberesche, Klares Karma

V

Vertrauen	Frauenmantel, Grauheide, Haselnuß
Vertraulichkeit	Lorbeerkirsche
Verwandlung	Brunnenkresse, Mauerpfeffer, Schneeglöckchen, Sumpfherzblatt, Offenbarung
Verwirrung	Besenginster, Birke, Gänseblümchen, Stiefmütterchen
Verzauberung	Nabelkraut
Verzweiflung	Bergahorn, Nabelkraut, Schlüsselblume, Seerose, Erste Hilfe
Visionen	Birke, Frauenmantel, Lorbeerkirsche, Klares Licht, Offenbarung
Vitalität	Baldrian, Bergahorn, Grasnelke, Holunder, Stechginster, Stiefmütterchen, Sumpfherzblatt, Lebenskraft
Vorurteile	Eberesche, Linde, Nabelkraut, Weiße Rose, Klares Karma
Vorwürfe	Eberesche, Gauklerblume, Weiße Rose, Klares Karma

W

Wahnsinn	Birke, Frauenmantel, Gänseblümchen, Grasnelke, Nabelkraut, Sumpfherzblatt
Wahrheit	Kiefer, Nabelkraut, Seerose
Wahrnehmung	Birke, Frauenmantel, Klares Licht
Wechseljahre	Holunder, Mauerpfeffer, Meersenf, Weißdorn
Weiblich – männlich	Malve, Sumpfherzblatt, Spirituelle Hochzeit
Weiblichkeit	Meersenf, Springkraut, Sumpfherzblatt
Weichheit	Bergahorn, Sumpfherzblatt, Weißdorn
Weisheit	Frauenmantel, Kiefer, Weiße Rose, Wesak-Segen, Klares Licht, Heiliger Gral
Wert	Gauklerblume, Holunder, Springkraut, Weißdorn
Widerspenstigkeit	Eberesche, Gänsefingerkraut, Mauerpfeffer, Weiße Rose
Widerstand	Mauerpfeffer, Weiße Rose, Klares Karma, Offenbarung
Wiedergutmachung	Eberesche, Kugeldistel, Nabelkraut, Weißdorn
Wille	Apfel, Malve, Weidenröschen, Weiße Rose
Wille, höherer	Apfel, Malve, Weiße Rose

Wirklichkeitsflucht	Birke, Frauenmantel, Kugeldistel
Wissen	Birke, Frauenmantel, Kiefer, Stechginster
»Workaholismus«	Apfel, Baldrian, Bergahorn, Haselnuß, Kugeldistel
Wunden	Eberesche, Gauklerblume, Erste Hilfe
Wurzellosigkeit	Gänseblümchen, Gänsefingerkraut, Glockenblume, Grauheide, Mauerpfeffer, Schlüsselblume, Springkraut
Wut	Eberesche, Gauklerblume, Nabelkraut, Stiefmütterchen, Weidenröschen

X

Xenophobie	Nabelkraut, Linde, Schlüsselblume, Weißdorn

Z

Zärtlichkeit	Bergahorn, Springkraut, Stechginster, Sumpfherzblatt, Weißdorn
Zaudern	Apfel, Haselnuß, Lorbeerkirsche, Mauerpfeffer
Zentriertheit	Gänseblümchen, Kugeldistel, Erste Hilfe
Zerstreutheit	Frauenmantel, Meersenf, Stiefmütterchen
Ziele	Apfel, Gauklerblume, Haselnuß, Weiße Rose
Zurückhaltung	Gauklerblume, Stechginster, Sumpfherzblatt, Weißdorn, Weiße Rose
Zweck	Apfel, Gänseblümchen, Gauklerblume, Grauheide, Haselnuß, Weiße Rose, Klares Licht
Zynismus	Knabenkraut, Linde, Malve

Quellenangaben

Bailey, Alice A.: *Esoteric Healing*. Lucis Press Ltd., London 1953
The Mother: *Flowers and their Messages*. Sri Aurobindo Ashram Trust, India 1973
Steiner, Rudolf: *Nature Spirits*. Rudolf Steiner Press, London 1995
Steiner, Rudolf: *Geistige Wesen in der Natur.* Verlag Freies Geistesleben, Stuttgart 1998
Hodson, G.: *Man's Supersensory and Spiritual Powers.* Theosophical Publishing House, India 1977
Spangler, David: *Attunement*. Findhorn Press (vergriffen)

Bezugsquellen für die Blütenessenzen

Findhorn Flower Essences
The Wellspring
31 The Park
Findhorn Bay
Forres IV36 OTY
Großbritannien
Tel.: 0044-13 09-69 01 29
Fax: 0044-13 09-69 13 00

LF Naturprodukte
Treenering 105
Postfach 22
24851 Eggebek
Tel.: 0 46 09-15 26
Fax: 0 46 09-15 35

Chrüeter-Drogerie Egger
Unterstadt 28
CH-8200 Schaffhausen
Tel.: 0041-52-624 50 30
Fax: 0041-52-624 64 57